एक इंस्पेक्टर से मुलाक़ात

एक इंस्पेक्टर से मुलाक़ात

जे.बी. प्रीस्टले कृत

('एन इंस्पेक्टर कॉल्स' का हिन्दी रूपान्तर)

रूपान्तरकार

सुरेन्द्र शर्मा

प्रतिमा शर्मा

वाणी प्रकाशन

वाणी प्रकाशन
4695, 21-ए, दरियागंज, नयी दिल्ली 110 002
शाखा
अशोक राजपथ, पटना 800 004
फ़ोनः +91 11 23273167 फ़ैक्सः +91 11 23275710
www.vaniprakashan.in
vaniprakashan@gmail.com
sales@vaniprakashan.in

EK INSPECTOR SE MULAKAT
Translated by Surendra Sharma, Pratima Sharma

ISBN : 978-81-7055-830-9
Play

प्रथम संस्करण 2001
आवृत्ति 2018

मूल्य : ₹ 195

सिटी प्रेस, दिल्ली-110 095 में मुद्रित

वाणी प्रकाशन का लोगो मक़बूल फ़िदा हुसेन की कूची से

अंक एक

(किसी बड़े पूँजीपति के बड़े से घर का डाइनिंग रूम। काफी अच्छा फर्नीचर। आरामदेह लेकिन घर जैसा नहीं। पर्दा उठने पर चारों खन्ना परिवार के लोग और रमेश मेज़ पर बैठे हैं। मि. खन्ना मेज़ के एक तरफ उनकी पत्नी मेज़ के दूसरी तरफ अशोक मेज़ के निचली तरफ शीला और रमेश ऊपर की तरफ बैठे हैं। नौकरानी मेज साफ कर रही है और उसके बाद सिगरेट, सिगार लाकर रखती है। साथ ही आइसक्रीम भी।)

मि. खन्ना : हमें वाइन पिला रही हो मैरी—गुड वो अशोक की तरफ खिसका देता है। ये आइसक्रीम तुम्हें अच्छी लगेगी विक्रम। दरअसल, मुझे वाइन वाले ने बताया था कि तुम्हारे फादर को भी यही वाइन पसंद है।

रमेश : तब तो ठीक ही होगी। उन्हें वाहन की अच्छी परख है पर मुझे इसके बारे में ज्यादा पता नहीं।

शीला : विक्रम मैं अभी यह पसंद नहीं करूँगी। बूढ़ों की तरह वाइन के बारे में ही सारी जानकारी हासिल करते रहो।

मि. खन्ना : पर मैं तो अभी बूढ़ा नहीं हुआ।

शीला : हाँ नहीं हुए, हाँ पर आपको वाइन के बारे में पूरी जानकारी भी नहीं।

मि. खन्ना : अरे सरोज ! आज तो तुम्हें भी थोड़ी सी जरूर लेनी चाहिए। आज तो खुशी का मौका है।

शीला : हाँ मम्मी, तुम्हें हम लोगों की खुशी के लिए तो थोड़ी जरूर लेनी चाहिए।

मिसेज खन्ना : अच्छा-अच्छा, बस थोड़ी सी देना। *(बसन्ती से जो ट्रे लेकर जाने ही वाली है)* अच्छा मैरी जब हमें कॉफी की जरूरत होगी तुम्हें बुला लेंगे करीब आधे-घंटे बाद।

बसन्ती : *(जाते हुए)* जी मेमसाब।

(बसन्ती चली जाती है। सभी लोग आइसक्रीम खा रहे हैं।) मि. खन्ना सब को देखकर खुशी से झूम उठते हैं।

मि. खन्ना : आहा बहुत बढ़िया और खाना भी लाजवाब था सरोज। मैरी को मेरी तरफ से कह देना नारायण।

मिसेज खन्ना : कैसी बातें करते हो जी।

खन्ना : कम ऑन, विक्रम भी तो घर का ही आदमी है। ये बुरा नहीं मानेगा।

रमेश : *(नम्रता से)* एक्सीलेंटली फंटास्टिक।

शीला : *(झूठे गुस्से से)* विकी जरा बुरा मानकर तो दिखाओ।

रमेश : *(मुस्कुराते हुए)* मैं तो ऐसा सोच भी नहीं सकता। अब तो मैं इस घर का सदस्य हो गया हूँ। कितने दिनों से कोशिश कर रहा था। *(नहीं? वो उत्तर नहीं देती इसलिए जोर देकर)* बोलो, नहीं? तुम तो सब कुछ जानती ही हो।

मिसेज खन्ना : *(मुस्कुराते हुए)* हाँ-हाँ उसे सब कुछ मालूम है।

शीला : *(कुछ गंभीर, कुछ शरारत से)* हाँ सिर्फ पिछली गर्मियों को छोड़कर, जब तुम मेरे पास नहीं भटके और मैं यही सोचती रह गई पता नहीं तुम्हें क्या हो गया है?

रमेश : मैंने तुम्हें बताया तो था–उन दिनों मैं अपने काम में बिजी था।

शीला : *(उसी अंदाज में)* हाँ कहा यही था।

मिसेज खन्ना : छोड़ो शीला, उसे तंग मत करो। शादी के बाद ही तुम समझ पाओगी कि कैसे आदमी को अपने बिजनेस के चक्कर में रात-दिन एक करना पड़ता है। तुम्हें उसकी इतनी आदत पड़ जाएगी जैसी कि मुझे हो गयी है।

शीला : मुझे नहीं लगता। *(कुछ शरारत और कुछ गंभीरता के साथ रमेश से मुझसे वो सब हो पाएगा)* इसलिए खबरदार रहना।

रमेश : हाँ-हाँ, क्यों नहीं।

(अशोक जोर से हँस देता है। माँ-बाप उसे घूरते हैं।)

शीला : *(सख्ती से)* इसमें हँसने की क्या बात है।

अशोक : पता नहीं बस। बस अचानक हँसी आ गयी।

संजय : लगता है तुम्हें चढ़ गयी है।

मिसेज खन्ना : शीला तुम्हारी लैंग्वेज़ कितनी गंदी होती जा रही है। पता नहीं आजकल की लड़कियाँ कहाँ से बातें सीख आती हैं।

अशोक : बस यही तो आता है इसे।

शीला : नाउ स्टॉप दिस संजू।

मिसेज खन्ना : अच्छा, अब बंद करो इसे। तो आप कुछ कहने वाले थे।

मि. खन्ना : हाँ-हाँ, क्यों नहीं। *(गला साफ करता है)* विक्रम मुझे खुशी है कि तुम्हें ये छोटी सी पार्टी पसंद आयी। पर अफसोस भी है कि मि. और मिसेज कपूर यहाँ मौजूद नहीं हैं। पर किया भी क्या जा सकता है। मैंने तुम्हें बताया न कि उन्होंने बहुत ही अच्छा टेलीग्राम भेजा। मुझे अफसोस है कि हम यों चुपचाप इस पार्टी को सेलिब्रेट कर रहे हैं।

मिसेज खन्ना : चाहे छोटी सी पार्टी हो फिर भी अच्छा लग रहा है।

विक्रम : मैं भी ऐसी ही पार्टी चाहता हूँ।

मि. खन्ना : मैं भी। पर शब्दों में बयान करना कितना मुश्किल लग रहा है।

संजू : *(थोड़े रूखेपन से)* तो मत कीजिए।

मि. खन्ना : नहीं-नहीं संजू आज की रात मेरी ज़िंदगी की सबसे खुशगवार रात है और संजू एक दिन जब तुम्हारी अपनी एक लड़की होगी न, तब तुम समझोगे ही क्यों। विक्रम मैं तुम्हें साफ तौर पर बता देना चाहता हूँ कि शीला और तुम्हारी एंगेज़मेंट मेरे लिए बहुत अहमियत रखती है। मुझे उम्मीद है कि वह तुम्हें खुश रखेगी और तुम उसको। ये मेरी दिली ख्वाहिश थी कि मुझे तुम जैसा ही कोई दामाद मिले। बिजनेस में एक-दूसरे के राइबल रहे हैं—हालाँकि कपूर साहब की कम्पनी हम लोगों से काफी पुरानी और बड़ी है पर आज तुम्हारी वजह से दोनों एक हो गए हैं। वह दिन दूर नहीं होगा जब दोनों कम्पनियाँ एक-दूसरे के साथ मिलकर काम करेंगी। खर्चा कम होगा और प्रोफिट ज्यादा।

रमेश : बिल्कुल ठीक और मुझे यकीन है कि पापा भी इसके लिए तैयार होंगे।

मिसेज खन्ना : सुनिए, ऐसे मौके पर बिजनेस की बात करना अच्छा लगता है क्या?

शीला : मुझे भी नहीं। यह एकदम गलत मौका है।

मि. खन्ना : आइ एग्री विद यू मैंने तो बस ऐसे ही जिक्र कर दिया था। दरअसल मैं कहना यह चाहता था कि शीला की किस्मत बहुत अच्छी है एंड यू आर टू ए लकी ब्वॉय विक्रम।

रमेश : मालूम है मुझे आज तो हर तरह से।

मि. खन्ना : तो मैं तुम दोनों के लिए ज़िंदगी की सारी खुशियों की कामना करता हूँ।

मिसेज खन्ना : हाँ विक्रम और शीला—हमारी मुबारकबाद और ढेर-सी शुभकामनाएँ।

रमेश : थैंक्यू!

मिसेज खन्ना : संजू।

संजू : *(शोर सा करते)* आल दि बेस्ट। बस कभी-कभी इसका पारा चढ़ जाता है। पर दिल की बहुत अच्छी है, शीला।

शीला : बदमाश, ममा, मैं किसके लिए विश करूँ अपने लिए तो नहीं कर सकती न।

विक्की : तुम मेरे लिए कर सकती हो।

शीला : *(शांत और गंभीर)* ठीक है, *(एक क्षण के लिए दोनों एक-दूसरे को देखते हैं)*

रमेश : *(धीरे से)* थैंक्स फॉर योर..........एंड हैप्पीनेस शीला। आशा करता हूँ जितना सुख तुम्हें चाहिए उतना सुख मैं तुम्हें दे पाऊँगा।

शीला : *(सहज होने की कोशिश में)* बस-बस विकी नहीं तो मैं रो पड़ूँगी।

रमेश : *(मुस्कुराते)* शायद इससे तुम्हारा रोना बंद हो जाए *(वही अंगूठी की डिबिया निकालता है।)*

शीला : *(खुशी से)* ओह विकी तुम ले ही आए—यह वही है न जो तुम मुझे देना चाहते थे। ओह, हाऊ स्वीट ऑफ यू।

रमेश : *(डिबिया उसे देते)* हाँ—बिल्कुल वही।

शीला : *(अंगूठी निकालकर)* ओह यह तो बहुत बढ़िया है। मम्मी, यह खूबसूरत है न? ओह विकी *(वह रमेश का हाथ पकड़ लेती है)*।

अशोक : इसे पहन कर देख लो।

शीला : *(अंगूठी पहनकर)* मेरे ख्याल से ठीक ही है। अब लग रहा है कि वाकई मेरी सगाई हो गई है।

मिसेज खन्ना : वह तो है ही, बेटी। बहुत ही सुंदर अंगूठी है। अब ध्यान रखना इसका।

शीला : मैं तो एक पल के लिए भी इसे अपनी आँखों से दूर नहीं होने दूँगी।

मिसेज खन्ना : *(मुस्कुराते)* बिल्कुल सही मौके पर आई है। रमेश। सुनिए अगर आपको और कुछ नहीं कहना है तो मैं और शीला ड्राइंग रूम में चले जाएँ और आप लोग तब तक...

मि. खन्ना : *(थका सा)* बस, मुझे इतना ही कहना है। *(शीला को अभी अंगूठी में खोए देखकर)* तुम सुन रही हो न, शीला? यह तुमसे भी ताल्लुक रखता है और मैं हर वक्त तो तुम्हें उपदेश देता नहीं।

शीला : सॉरी, डैडी। दरअसल मैं सुन ही रही थी। *(सभी ध्यान देते हैं। वह शुरू करने से पहले एक क्षण रुकता है।)*

मि. खन्ना : इस सगाई से मैं बहुत खुश हूँ और वह दिन दूर नहीं जब तुम लोग शादी-शुदा भी हो जाओगे। मैं कहना यह चाहता हूँ—आजकल लोग उल्टी-सीधी बातें करते हैं पर मैं एक मेहनती बिजनेसमैन होने के नाते कहता हूँ—ऐसा बिजनेसमैन जो खतरे उठाने जानता है और जानता है कि वह क्या कर रहा है—तुम लोग इन नाउम्मीद भरी बातों पर बिल्कुल ध्यान मत दो। तुम लोगों की शादी बहुत ही अच्छे वक़्त पर होगी। सचमुच मैं अच्छा वक्त और आज से तो बहुत ही ज्यादा अच्छा। पिछले महीने फैक्टरी में मजदूरों ने हड़ताल क्या कर दी लोगों ने कहना शुरू कर दिया है कि बहुत जल्दी ही लेबर प्राबलम उठ खड़ी होगी। फिकर मत करो। हम तो इससे भी बुरा समय देख चुके हैं। आखिरकार हम मालिक लोग एकजुट हो रहे हैं ताकि हमारे फायदे और हमारी पूँजी से मिलने वाले फायदे बचे रहें। हम लोग धीरे-धीरे तरक्की की तरफ बढ़ रहे हैं।

विक्रम : आप बिल्कुल ठीक कह रहे हैं, सर।

संजू : पर, अगर वॉर छिड़ गयी तो।

मि. खन्ना : अच्छा हुआ कि तुमने याद दिला दिया अशोक, मैं कहने ही वाला था। सिर्फ इसलिए कि इधर रीगन एक-आध भाषण दे रहा है और उधर ब्रेजनेव भाषण झाड़ रहे हैं तो लोग सोचते हैं कि लड़ाई छिड़ जाएगी। बकवास। अमरीकंस लड़ाई नहीं चाहते, रूसी लड़ना नहीं चाहते, कोई भी नहीं चाहता कि लड़ाई हो सिर्फ कुछ सिरफिरे लोगों को छोड़कर। और जानते हो क्यों? बहुत कुछ दाँव पर लगा रहता है। आजकल लड़ाई में तो बस खोना ही खोना है मिलना कुछ भी नहीं।

अशोक : हाँ। ठीक है, फिर भी...

मि. खन्ना : मैं बात पूरी कर लूँ अशोक। अभी तुम्हें बहुत कुछ सीखना है। और मैं प्रेक्टिकल और एक्सपीरियंस्ड बिजनेसमैन होने के नाते कह रहा हूँ कि लड़ाई का कोई चांस नहीं। दुनिया इतनी तेजी से आगे बढ़ रही है कि लड़ाई की गुंजाइश ही नहीं रहती। चारों तरफ जो तरक्की हो रही है उसे ही देख लो। चार-पाँच साल में तो ऐसे अंतरिक्ष-यान भी आ जाएँगे जो हमें कहीं भी लेकर जा सकते हैं। तुम्हें इन बातों पर ध्यान देना चाहिए न कि रीगन क्या कहता है और फलां क्या

कहता है और धिमकां क्या कहता है। तुम तीनों लोग ही जवान हो। आज जो मैं कहने जा रहा हूँ उसे ध्यान से सुनो और याद रखना। बीस तीस साल बाद कहो कि दो हजार पाँच या दस में तुम लोग भी हो सकता है ऐसी ही कोई पार्टी दे रहे हों, हो सकता है तुम्हारे लड़के या लड़की की सगाई हो रही हो और तुम्हें बता दूँ कि उस वक्त तुम एक ऐसी दुनिया में रह रहे होंगे जहाँ न तो मजदूर-मालिकों के झगड़े होंगे और नहीं फिजूल की लड़ाई वड़ाई का डर होगा और हर तरफ शांति खुशहाली होगी सिवा उन देशों के जो हमेशा पिछड़े रहेंगे।

मिसेज खन्ना : बस भी करो अब।

मि. खन्ना : हाँ हाँ जानता हूँ, मैं बहुत ज्यादा बोल रहा हूँ। पर बेटा तुम लोग मैंने जो कुछ भी कहा है जरूर याद रखना। ऐसा नहीं कि नेता लोग ही सारी बातें जानते हैं। एक एक्सपीरियंस्ड बिजनेसमैन को भी कुछ बोलना चाहिए। उनकी बातों में भी दम होता है। और हम हवा में यूँ ही तीर नहीं मारते। हमारे पास होता है तजुर्बा और हम जानते हैं।

मिसेज खन्ना : *(उठते हुए)* हाँ-हाँ, आप ठीक कहते हैं। अच्छा विकी को ज्यादा देर मत रोकना। विकी तुम जरा इधर आओ। *(वो, शीला और अशोक बाहर चले जाते हैं। रमेश और मि. खन्ना रह जाते हैं।)*

मि. खन्ना : सिगार?

रमेश : नो थैंक्स। अच्छा नहीं लगता।

मि. खन्ना : *(खुद लेते हुए)* ओह तुम क्या जानो इसका मजा ! अच्छा सिगार ही मुझे पसन्द है। *(मि. खन्ना सिगार और रमेश सिगरेट जला लेते हैं)* खैर अकेले में तुमसे कुछ खास बातें करना चाहता हूँ। मुझे ऐसा लगता है कि तुम्हारी मदर इस रिश्ते में कोई खास खुश नहीं, उनके हिसाब से तुम्हें इससे भी अच्छा घर मिल सकता था। *(रमेश थोड़ा झिझकता सा कुछ बोलने की कोशिश करता है पर खन्ना उसे रोक देते हैं)* नहीं रमेश, कोई बात नहीं। उनका कोई कसूर नहीं। वो काफी पैसे वाले घर से हैं इसलिए उनका ऐसा सोचना जायज है। पर मैं यह कहना चाहता हूँ कि इस बात का पूरा-पूरा मौका है कि अगले साल मुझे एम.पी. का टिकट मिल जाएगा।

रमेश : अरे वाह ! मुबारक हो।

मि. खन्ना : थैंक्स, पर अभी तो उसके लिए बहुत वक्त पड़ा है इसलिए अभी

कुछ मत कहो। मुझे ऐसे ही कहीं से पता चला है तुम्हें मालूम ही है, मैं पाँच साल तक हमारे इस एरिया कौंसिल का मैंबर रह चुका हूँ और पार्टी से भी मेरे पीछे काफी समर्थन है।
बस इस बीच सब कुछ ठीक-ठाक रहे। पुलिस के या स्कैंडल के चक्कर में ना पड़ें तो कुछ भी मिल सकता है।

रमेश : आप लोग तो खानदानी हैं ही।

मि. खन्ना : हम भी ऐसा ही सोचते हैं।

रमेश : मुझे नहीं लगता कि ऐसी कोई दिक्कत आएगी आपको। अभी से बहुत-बहुत मुबारक हो।

मि. खन्ना : नहीं-नहीं, कुछ नहीं कहा जा सकता है और किसी से कहना भी नहीं।

रमेश : ममा से भी नहीं, वो तो बहुत खुश होंगी यह जानकर।

मि. खन्ना : ठीक है, जब वो लौट आएँ तो तुम उन्हें हल्की सी हिंट दे देना। आने वाले कुछ महीनों में हमें अपने आपको हर मुसीबत से दूर रखना होगा
(दोनों हँसते हैं अशोक आता है।)

अशोक : क्या बात है ? पापा ने फिर कोई कहानी शुरू कर दी।

मि. खन्ना : नहीं तो और वाइन पीओगे।

संजू : *(बैठते हुए)* जरूर। मम्मी का ख्याल है हमें ज्यादा देर नहीं करनी चाहिए। पर इससे फर्क क्या पड़ता है। मैं जब आया वे दोनों कपड़ों की बातें ही कर रही थीं। ऐसा लगता है कि शादी से पहले तो लड़कियों के पास कपड़े होते ही नहीं। औरतें तो उनको लेकर हद से ज्यादा परेशान रहती हैं।

मि. खन्ना : हाँ, मेरे बेटे, तुम्हें भूलना नहीं चाहिए कि औरत के लिए कपड़े कितनी अहम चीज है। सिर्फ पहनने या अपने आपको सुन्दर दिखाने के लिए नहीं बल्कि उनके लिए सेल्फ रेसपेक्ट की निशानी भी होती है।

रमेश : बिल्कुल सही है।

संजू : *(उत्सुकता)* हाँ मुझे याद है *(रुक जाता है)*।

मि. खन्ना : क्या याद है तुम्हें?

अशोक : *(खोया सा)* कुछ नहीं।

मि. खन्ना : कुछ नहीं।

रमेश : *(मजे लेता)* मुझे तो मामला कुछ गड़बड़ लग रहा है।

मि. खन्ना : *(उसी अंदाज में)* हाँ। तुम क्या जानो आजकल के ये लड़के क्या कर बैठें। कुछ कहा नहीं जा सकता। जब मैं संजू की उमर का था तो न ही मेरे पास इतना फालतू पैसा होता था और न ही वक्त। काम हुए तो काम से ही फुरसत नहीं थी। फिर भी कभी-कभार मौका निकालकर थोड़ी-बहुत मौज-मस्ती मार लिया करते थे।

विक्रम : मैं शर्त लगाकर कह सकता हूँ आपने ऐसा जरूर किया होगा।

मि. खन्ना : *(गंभीरता से)* पर बात ये है मैं दुबारा से तुम दोनों को कोई लेक्चर नहीं देना चाहता पर तुम लोगों में से ज्यादातर लोग इस बात को नहीं समझते कि आज कल जबकि चीजें ज्यादा आसान हैं तो भी आदमी को अपना रास्ता खुद ही तय करना होता है अपनी देखभाल खुद करनी पड़ती है और अपने परिवार को भी सँभालना होता है और वो ऐसा करता रहे तो उससे कोई नुकसान नहीं होता। पर जैसी बातें आजकल के कुछ सिरफिरे करते या लिखते हैं उससे तो यही लगता है कि हर आदमी को दूसरे का ख्याल रखना चाहिए मानों हम सभी छत्ते में मधुमक्खियों की तरह से घुलमिल गये हों। कम्युनिटी बकवास। पर ध्यान से सुन लो ये सब मैंने तजुर्बे से सीखा है कि आदमी को अपने काम से मतलब होना चाहिए अपनी देखभाल खुद करे और अपने-अपने...

(जोर से दरवाजे की घंटी बजती है, मि. खन्ना रुक जाते हैं।)

अशोक : कोई आया है।

मि. खन्ना : मैरी देख लेगी। विकी थोड़ी वाइन और ले लो। फिर हम लोग भी उधर ही चलेंगे और तुम मेरे लेक्चर से बच जाओगे।

अशोक : हाँ पापा, आज तो आप ने हद ही कर दी।

मि. खन्ना : खुशी का मौका है। इस खुशी में ही मुझे लगता है कि मेरे एक्सपीरियंस से तुम लोगों को भी कुछ फायदा उठाना चाहिए।

(बसन्ती आती है)

बसन्ती : सर, कोई इंस्पेक्टर आये हैं।

मि. खन्ना : इंस्पेक्टर? किस तरह का इंस्पेक्टर

बसन्ती : पुलिस इंस्पेक्टर। वो अपना नाम इंस्पेक्टर बागची बताते हैं।

मि. खन्ना : बागची? मैं नहीं जानता। वो मुझसे मिलना चाहता है?

बसन्ती : हाँ, सर। वो कहते हैं बहुत जरूरी काम है।

मि. खन्ना : ठीक है। यहीं ले आयो।

(बसन्ती बत्ती जलाकर चली जाती है)

हो सकता है कोई लेबर प्रॉबलम हो उसी सिलसिले में मिलने आया हो।

रमेश : *(हल्के मूढ़ में)* ऐसा ही होगा। हाँ अगर संजय ने कोई गड़बड़ न की हो तो। तब तो बड़ी दिक्कत हो जाएगी, नहीं?

मि. खन्ना : *(मजे से)* हाँ बहुत।

अशोक : *(असहज तीखेपन से)* मतलब क्या है आप लोगों का।

रमेश : कुछ नहीं, कुछ नहीं, तुम जब यहाँ नहीं थे, उस वक्त हम लोग आपस में हँसी-मजाक कर रहे थे।

अशोक : *(अभी भी असहज)* इसमें मुझे तो काई मजाक नज़र नहीं आता।

मि. खन्ना : *(उसे घूरते हुए)* संजू तुम्हें हुआ क्या है?

अशोक : कुछ नहीं।

बसन्ती : *(दरवाज़ा खोलते हुए)* इंस्पेक्टर कौशल।

(इंस्पेक्टर अन्दर आता है।)

इंस्पेक्टर : मि. खन्ना?

मि. खन्ना : क्या लेंगे, ह्विस्की, रम?

इंस्पेक्टर : नो थैंक्स ! आइ एम ऑन ड्यूटी।

मि. खन्ना : आप नये आये हैं?

इंस्पेक्टर : जी हाँ। मैं अभी-अभी ट्रांसफर होकर आया हूँ।

मि. खन्ना : मुझे भी ऐसा ही लगा। मैं कई साल एन.डी.एम.सी. म्यूनिसिपैलिटी का मैम्बर रहा हूँ। इसलिए इस एरिया की पुलिस से मेरी अच्छी वाकफियत है लेकिन मैंने आपको पहले कभी नहीं देखा।

इंस्पेक्टर : जी हाँ बिल्कुल।

मि. खन्ना : तो, मैं आपके लिए क्या कर सकता हूँ !
कोई स्ट्राइक विस्ट्राइक का चक्कर है?

इंस्पेक्टर : जी, नहीं।

मि. खन्ना : *(थोड़ी बेसब्री से)* फिर क्या बात है?

इंस्पेक्टर : मि. खन्ना अगर आपको कोई एतराज न हो तो। मैं थोड़ी सी इन्फॉरमेशन चाहता था। अभी कोई लड़की ने विलिंगडन में दम तोड़ दिया है। उसे आज दोपहर ही वहाँ लाया गया था क्योंकि उसने ज़हर खा लिया था और जिसकी वजह से उसकी आँतें पूरी तरह से सड़ गयी थीं।

अशोक : *(अनायास ही)* बाप रे !

इंस्पेक्टर : काफी बुरी मौत हुई बेचारी की। डॉक्टरों ने उसे बचाने की हर कोशिश

की पर वो बच नहीं सकी। सुसाइड ही कहना चाहिए।

मि. खन्ना : *(बेसब्री से)* च, च, च, काफी बुरा हुआ बेचारी के साथ। लेकिन मेरी समझ में नहीं आ रहा कि आप यहाँ क्यूँ...

इंस्पेक्टर : *(तेज़ी से काटते हुए)* मैं उसके कमरे में गया था वहाँ मुझे एक चिट्ठी और डायरी मिली और जैसा अक्सर इस तरह की लड़कियाँ करती हैं इसने भी अपने दो-तीन नाम रखे हुए थे। पर उसका असली नाम था सुमन वैश्य।

मि. खन्ना : *(सोचते हुए)* सुमन वैश्य?

इंस्पेक्टर : आपको उसकी याद है कि मि. खन्ना?

मि. खन्ना : *(धीरे-धीरे)* नहीं। नाम कुछ सुना हुआ तो लग रहा है पर याद कुछ नहीं आ रहा है। लेकिन इससे मेरा क्या लेना देना?

इंस्पेक्टर : वो कभी आपकी फैक्टरी में काम करती थी।

मि. खन्ना : ओह ! ये बात है पर...। हमारे यहाँ तो कई लड़कियाँ आती जाती रहती हैं।

इंस्पेक्टर : लेकिन सुमन नाम की ये लड़की उनसे काफी अलग थी। उसके सामान में मुझे उसका एक फोटो भी मिला है। शायद उससे आपको कुछ याद आ जाए।

(इंस्पेक्टर पोस्टकार्ड साइज़ का एक फोटो निकालता है और मि. खन्ना के पास जाता है। रमेश और अशोक भी फोटो देखना चाहता है पर इंस्पेक्टर बीच में आ जाते हैं। वे थोड़ा हैरान और नाराज होते हैं। मि. खन्ना फोटो को घूरता रहता है और पहचान लेता है। इंस्पेक्टर फोटो वापस जेब में रख लेता है।)

रमेश : *(गुस्से से)* कोई खास वजह इंस्पेक्टर जो मैं इस लड़की की फोटो देख नहीं सकता?

इंस्पेक्टर : *(सख्ती से देखकर आराम से)* शायद हो।

अशोक : और यह वजह मुझ पर भी लागू होती है?

इंस्पेक्टर : हाँ।

रमेश : मेरी तो समझ में नहीं आ रहा ऐसी क्या वजह हो सकती है।

अशोक : हाँ मैं भी समझ नहीं पा रहा।

मि. खन्ना : इंस्पेक्टर मैं इससे आर्ग्यू करता हूँ।

इंस्पेक्टर : मेरे काम करने का तरीका यही है। एक समय में एक ही इन्क्वायरी। नहीं तो सब मिक्स-अप हो जाता है।

मि. खन्ना : हूँ ये बात तो ठीक है। *(परेशान सा घूमता है और फिर घूमकर)*

तुम काफी पी चुके हो, संजू। *(इंस्पेक्टर खन्ना को देख रहा है और अब खन्ना भी उसका जायजा लेते हैं।)*

इंस्पेक्टर : मेरा ख्याल है अब आपको सुमन की याद आ गई होगी, मि. खन्ना?

मि. खन्ना : हाँ। हमारी फैक्टरी में काम करती थी पर बाद में मैंने उसे निकाल दिया था।

अशोक : क्या इसीलिए उसने आत्महत्या कर ली? यह कब की बात है पापा?

मि. खन्ना : चुपचाप बैठो और एक्साइटिड होने की कोई जरूरत नहीं है। ये लड़की हमारी नौकरी करीब दो साल पहले छोड़ गयी थी। शायद 82 के विनारस में।

इंस्पेक्टर : हाँ, एट्टी टू नवंबर के एंड में।

मि. खन्ना : बिल्कुल ठीक।

रमेश : अंकल मेरे ख्याल से मुझे यहाँ से चले जाना चाहिए।

मि. खन्ना : नहीं नहीं, विक्रम तुम्हारे यहाँ रहने पर मुझे कोई एतराज नहीं है। और आपको भी नहीं होगा क्यों इंस्पेक्टर? इन्फैक्ट मुझे पहले बताना चाहिए था—आप हैं मि. विक्रम कपूर श्री रामलाल कपूर के सुपुत्र कपूर लिमिटेड वाले।

इंस्पेक्टर : ओह, विक्रम कपूर?

मि. खन्ना : हाँ। इंसिडेंटली हम लोग विक्रम के साथ अपनी बेटी शीला की एंगेज़मेंट में सेलिब्रेट कर रहे थे।

इंस्पेक्टर : ओ आइ सी। तो मि. कपूर और मिस खन्ना शादी कर रहे हैं।

रमेश : *(मुस्कुराते हुए)* लगता तो ऐसा ही है।

इंस्पेक्टर : *(सख्ती से)* फिर तो मि. कपूर आपको यहीं रुकना होगा।

रमेश : *(हैरान सा)* क्या? ठीक है।

मि. खन्ना : *(कुछ बेसब्री से)* देखिए जहाँ तक मेरा सवाल है इस मामले में कोई स्कैंडल या कुछ भी रहस्य नहीं है कम से कम ये तो सीधा सा केस है और जैसा कि ये 18 महीने पहले या करीब दो साल पहले घटा है। उसी से साफ हो जाता है कि उस बेवकूफ लड़की की आत्महत्या से हमारा कोई सम्बन्ध नहीं। नहीं इंस्पेक्टर।

इंस्पेक्टर : नो, सर। यहाँ मैं आपसे एग्री नहीं करता।

मि. खन्ना : क्यों?

इंस्पेक्टर : क्यों उसका ये इस्र इस बात पर निर्भर करता है कि उस घटना के बाद उसके साथ क्या हुआ और बाद में जो कुछ घटा उसी ने उसे आत्महत्या करने पर मजबूर कर दिया। एक लम्बा घटनाओं

का सिलसिला।

मि. खन्ना : ठीक है। अगर आप ऐसा सोचते हैं तो इसमें हम कुछ नहीं कर सकते। लेकिन मैं अभी भी यह मानने के लिए तैयार नहीं इस सबके लिए मैं जिम्मेदार हूँ। अगर हम सभी का जिम्मा ले लेंगे तो बड़ी प्रॉबलम हो जाएगी। नहीं?

इंस्पेक्टर : हाँ, काफी।

मि. खन्ना : हमने कोई दुनिया भर का ठेका नहीं ले रखा।

अशोक : बिल्कुल। और जैसा कि आप कह रहे थे पापा कि आदमी को खुद की देखभाल....

मि. खन्ना : ठीक है, पर अभी उन बातों में जाने की कोई जरूरत नहीं है।

इंस्पेक्टर : किन बातों में।

मि. खन्ना : ऐसा है, आपके आने से पहले मैं इन बच्चों को एक नसीहत दे रहा था। जहाँ तक इस लड़की सुमन की बात है अब मुझे उसके बारे में याद आ गया है। वो एक खूब सुन्दर और लिवली (Lively) लड़की थी जो करीब एक साल से भी ज्यादा वक्त से हमारी एक वर्कशॉप में काम कर रही थी। काम करने में अच्छी थी। असल में फोरमैन ने मुझे बताया था कि वो उसे प्रोमोट करना चाहता है। कुछ लड़कियों के हेड के तौर पर। लेकिन जब वो दशहरे की छुट्टियों के बाद वापस आयी तो कुछ परेशान सी थी और अचानक ही एक दिन वो पैसा बढ़ाने की माँग करने लगी। हम उन्हें करीब साढ़े आठ रुपये पर डे दे रहे थे जो कि आम रेट है। हर जगह इतना ही दिया जाता है। पर वो चाहती थी कि उन्हें कम से कम 11 रुपए रोज मिलें। मानी हुई बात है मैंने इनकार कर दिया।

इंस्पेक्टर : क्यों?

मि. खन्ना : *(हैरानी से)* क्या कहा आपने, ''क्यों''?

इंस्पेक्टर : जी हाँ। आपने मना क्यों कर दिया?

मि. खन्ना : देखिए इंस्पेक्टर, मुझे नहीं लगता आपको इससे कोई मतलब होना चाहिए कि मैं अपना बिजनेस कैसे चलाता हूँ। क्यों?

इंस्पेक्टर : मतलब हो भी सकता है, मि. खन्ना

मि. खन्ना : सुनिए, ये बात अब किस तरह कर रहे हैं?

इंस्पेक्टर : आई एम सॉरी। लेकिन आपने ही पूछा था।

मि. खन्ना : और मैंने इसलिए पूछा, क्योंकि आप मुझसे बेकार के सवाल पूछ रहे थे।

इंस्पेक्टर : सवाल पूछना मेरी ड्यूटी है।

मि. खन्ना : और मेरी ड्यूटी है कि मैं लेब कॉस्ट को कम रखूँ अगर मैंने उनकी माँग मान ली होती तो जानते हैं उस नये रेट के हिसाब से हमारी लेबर कॉस्ट 37% बढ़ जाती, समझे? इसलिए मैंने मना कर दिया हम उन्हें नॉर्मल रेट्स दे रहे थे, और अगर उन्हें वो पसन्द नहीं थे तो वो कहीं भी दूसरी जगह जाकर काम कर सकती थी। किसी पर कोई बन्दिश तो नहीं है।

अशोक : पर काम मिले तो न।

इंस्पेक्टर : बिल्कुल ठीक।

मि. खन्ना : *(अशोक से)* देखो तुम इस सब बात से बाहर ही रहो। तुम्हें क्या पता उस वक्त क्या हुआ था तुमने तो तब तक काम भी शुरू नहीं किया था। हाँ फिर वो हड़ताल पर चली गयी पर हड़ताल ज्यादा दिन तक टिक नहीं पायी।

रमेश : जितना मैं उन्हें मानता हूँ अगर ये छुट्टियों के एकदम बाद की बात है ये स्ट्राइक जल्दी ही टूट गयी होगी।

मि. खन्ना : बिल्कुल ठीक विक्रम क्योंकि उनके पास ज्यादा पैसे नहीं बचे थे इसलिए हड़ताल एक दो हफ्तों में ही खत्म हो गयी। बहुत तरस आ रहा था मुझे उन पर। हमने सभी को वापस ले लिया पुराने रेट्स पर ही। सिवाय उन चार-पाँच नेतागिरी करने वालों के जिन्होंने बाकी लड़कियों को उकसाया था। मैंने खुद जाकर उनका हिसाब साफ कर दिया। ये सुमन नाम की लड़की उनमें से एक थी। उसके पास बहुत कुछ था कहने को बहुत कुछ इसलिए उसको जाना पड़ा।

रमेश : इसके अलावा आप कुछ नहीं कर सकते थे?

संजू : कर सकते थे। निकालने की बजाय उन्हें रख भी सकते थे। मैं तो कहूँगा कि बेचारी सुमन बहुत बदकिस्मत थी।

मि. खन्ना : अगर हम इन लोगों के साथ सख्ती से पेश नहीं आये तो बहुत जल्दी ही ये लोग फैक्टरी में शेयर्स की माँग भी कर बैठेंगी।

रमेश : बिल्कुल ठीक कह रहे हैं आप।

इंस्पेक्टर : हाँ वो माँग कर सकते हैं। लेकिन आखिर माँगना छीन लेने से तो बेहतर ही है।

मि. खन्ना : *(इंस्पेक्टर को घूरते हुए)* आपने अपना नाम क्या बताया था इंस्पेक्टर?

इंस्पेक्टर : बागची....... B U G H

मि. खन्ना : पुलिस कमिश्नर यादव को जानते हो?

इंस्पेक्टर : मेरी उनसे ज्यादा मुलाकात नहीं।

मि. खन्ना : पर मेरी है। और बहुत पुराने दोस्त भी हैं अक्सर हम दोनों ब्रिज पार्टनर होते हैं।

इंस्पेक्टर : *(रूखेपन से)* मैं ब्रिज नहीं खेलता।

मि. खन्ना : मेरा भी यह मतलब नहीं था कि तुम खेलते हो।

अशोक : *(एकदम क्रोध से)* शर्म आनी चाहिए।

इंस्पेक्टर : नहीं मैं कभी भी नहीं खेलना चाहता था।

अशोक : नहीं मेरा मतलब उस लड़की से था, वो मंजरी से। वो क्यूँ न मजदूरी बढ़वाने के लिए कोशिश करती? हमने तो जितना हो सकता था ऊँची से ऊँची कीमतें बढ़ाने की कोशिश की और मेरी समझ में नहीं आता कि उसे निकाला ही क्यूँ गया सिर्फ इसलिए कि उसमें दूसरों से थोड़ी ज्यादा हिम्मत थी। आपने खुद ही कहा था कि वो मेहनती और अच्छा काम करने वाली थी। मैं होता तो उसे रख लेता।

मि. खन्ना : *(गुस्से से)* जब तक तुम्हारे अपने ख्यालात न सुधरें तो किसी को रख लेने या छोड़ देने की बात ही नहीं आती। वक्त आ गया है कि तुम भी कुछ जिम्मेदारियों को निभाना सीख लो। लगता है इस पब्लिक स्कूल या कॉलेज की पढ़ाई ने तुम्हें कुछ नहीं सिखाया।

अशोक : *(घृणा से)* पर इसके बारे में क्या इंस्पेक्टर को बताना जरूरी है।

मि. खन्ना : मुझे तो लगता है इंस्पेक्टर को और कुछ बताने की जरूरत ही नहीं, दरअसल मेरे पास और कुछ कहने को है ही नहीं। मैंने लड़की से छोड़कर जाने के लिए कहा और वह चली गई। बस, वही आखिरी मुलाकात थी उससे। तुम्हें पता है बाद में उसे क्या हुआ? मुसीबत में फँस गई? या गलियों में मारी-मारी फिरने लगी?

इंस्पेक्टर : *(धीरे से)* नहीं, वह एकदम से सड़कों पर नहीं गई।

(शीला अंदर आ गई है)

शीला : *(खुशी से)* सड़कों के बारे में क्या? *(इंस्पेक्टर को देखकर)* ओह, सॉरी मैंने देखा नहीं। मम्मी पूछ रही है आप अब तक अंदर क्यों नहीं आए।

मि. खन्ना : बस, हम लोग भी एक दो मिनट में खत्म करके आते हैं।

इंस्पेक्टर : शायद नहीं।

मि. खन्ना : *(झटके से)* अब और कुछ कहने को ही नहीं। बता तो दिया है सब कुछ, तुम्हें।

शीला : बात क्या है?

मि. खन्ना : तुम्हारे मतलब की नहीं है। शीला, तुम अंदर जाओ।

इंस्पेक्टर : नहीं, एक मिनट इधर ही ठहरिए, शीला जी।

मि. खन्ना : इंस्पेक्टर मुझे यह सब बिना वजह और फिजूल लगता है जो मुझे मालूम था, वह सब तुम्हें बता दिया है और मुझे तो यह सब कुछ इतना अहम नहीं लगता और मैं नहीं चाहता कि अब मेरी लड़की को इस कीचड़ में घसीटा जाए।

शीला : *(आगे आते हुए)* कौन सा कीचड़? बात क्या है?

इंस्पेक्टर : मैं पुलिस का आदमी हूँ, शीला जी। आज दोपहर में एक जवान लड़की ने जहर पी लिया और कई घंटों की पीड़ा के बाद अभी उसी रात में अस्पताल में दम तोड़ दिया।

शीला : ओह। माई गॉड। क्या कोई दुर्घटना हुई?

इंस्पेक्टर : नहीं वह अपनी जिन्दगी खत्म करना चाहती थी। उसे लगा कि वह और ज्यादा दिनों तक नहीं चल पाएगी।

मि. खन्ना : अब यह मत कहना कि यह सब कुछ इसलिए हुआ कि दो साल पहले मैंने उसे अपनी नौकरी से निकाल दिया था।

अशोक : पर शुरुआत तो वहीं से हुई होगी।

शीला : आपने ऐसा किया था, पापा?

मि. खन्ना : हाँ। लड़की फैक्टरी के काम में अड़ंगा डाल रही थी। मेरा कोई कसूर नहीं।

रमेश : आपका कोई कसूर नहीं। हम लोग भी ऐसा ही करते। ऐसे मत देखो, शीला।

शीला : *(थोड़ी परेशान सी)* सॉरी। दरअसल उस लड़की के ख्याल को अपने दिमाग से निकाल नहीं पा रही हूँ जिसने अपने आपको इतने गन्दे तरीके से खत्म कर लिया और मैं खुद आज रात कितनी खुश हूँ। काश तुमंने मुझे बताया न होता ! कैसी थी वह? काफी कम उम्र?

इंस्पेक्टर : हाँ, चौबीस साल।

शीला : सुन्दर?

इंस्पेक्टर : आज जब मैंने उसे देखा, तब तो नहीं थी पर वह बहुत सुंदर थी।

मि. खन्ना : बस, बहुत हो गया, अब।

रमेश : और मुझे भी यही लगता है कि इस इन्क्वायरी से तुम्हें कुछ नहीं मिलेगा इंस्पेक्टर। खन्ना साहब की नौकरी छोड़ देने के बाद उसके साथ क्या-क्या हुआ ? अहम बात यही है।

मि. खन्ना : और क्या। यही तो कहा था मैंने—कुछ देर पहले।

रमेश : और उसमें हम आपकी कोई मदद नहीं कर सकते क्योंकि हमें मालूम ही नहीं।

इंस्पेक्टर : *(धीरे से)* क्या तुम यकीन से कह सकते हो कि तुम्हें नहीं मालूम? *(वह बारी-बारी से रमेश, अशोक और शीला को देखता है।)*

मि. खन्ना : तुम्हारा मतलब है कि इन तीनों में से किसी एक को लड़की के बारे में कुछ और जानकारी है?

इंस्पेक्टर : हाँ।

मि. खन्ना : तो तुम सिर्फ मुझसे मिलने नहीं आए थे?

इंस्पेक्टर : नहीं।

(चारों आपस में परेशान से एक-दूसरे को देखते हैं।)

मि. खन्ना : *(आवाज बदलते हुए)* अगर मुझे पहले पता होता तो मैं तुम्हें कुछ भी न बताता। समझते हैं न, इंस्पेक्टर, मैंने सोचा कि जो कुछ मेरे पास बताने को था, तुम उसी से अपनी जानकारी पूरी करने की कोशिश कर रहे हो। सॉरी, अब तो बात ही बदल गई है। क्या तुम्हें अपनी सूचनार्थ के पक्के होने का यकीन है।

इंस्पेक्टर : उनमें से कुछ तो है ही।

मि. खन्ना : मुझे नहीं लगता कि उनमें कोई दम है?

इंस्पेक्टर : पर लड़की तो मर ही चुकी है।

शीला : इस सबका मतलब ही क्या है। तुम तो ऐसे कह रहे हो जैसे हमी लोग उसके जिम्मेदार हैं।

मि. खन्ना : एक मिनट, शीला। इंस्पेक्टर, हम लोग अलग से इस पर कुछ बात कर लें तो....

शीला : आप क्यों? आपके साथ उन्होंने अपनी बात खत्म कर ली है। उनके मुताबिक अब हम लोगों में से एक की बारी है।

मि. खन्ना : हाँ, पर मैं तुम्हीं लोगों के लिए मामले की ठीक करने की कोशिश कर रहा हूँ।

रमेश : जहाँ तक मेरा ताल्लुक है, मुझे इस मामले से कुछ लेना-देना नहीं है। मंजरी नाम की लड़की से मेरा कोई भी ताल्लुक नहीं रहा।

अशोक : और न ही मेरा।

शीला : क्या यही उसका नाम था? मंजरी ?

रमेश : हाँ।

शीला : मैंने तो पहले कभी नहीं सुना।

रमेश : तो अब क्या कहते हो, इंस्पेक्टर।

इंस्पेक्टर : वही जो पहले कह रहा था, कि मि. रमेश। मैंने पहले ही बताया था कि आजकल की बहुत सी लड़कियों की तरह उसके कई नाम रहे हैं वह तब सुमन ही थी, जब मि. खन्ना ने उसे निकाला क्योंकि वह साढ़े बाईस की जगह पच्चीस एक हफ्ते के हिसाब से माँग रही थी। पर उसके बाद वह मंजरी नहीं रही। शायद वह इस नाम की वजह से काफी तंग आ चुकी थी।

अशोक : इसमें उसका कोई कसूर नहीं।

शीला : *(खन्ना से)* मेरे ख्याल से उसे निकालना गलत था। शायद उसी वजह से उसका सब कुछ तहस-नहस हो गया।

मि. खन्ना : बकवास। *(इंस्पेक्टर से)* मेरी नौकरी छोड़ने के बाद से लड़की का क्या हुआ—पता है तुम्हें?

इंस्पेक्टर : हाँ। अगले दो महीने तक बेकार थी। माँ-बाप मर चुके थे, इसलिए लौट कर जाने के लिए कोई घर भी नहीं। कपूर एंड कम्पनी से जो पैसे उसे मिले थे, उसमें से ज्यादा कुछ बचा भी नहीं पाई थी। इसलिए दो महीने के बाद—बिना काम—बिना पैसे—इधर-उधर रहते कोई दोस्त या रिश्तेदार तक नहीं—अकेली—भूख से परेशान—वह बेचारी असहाय...

शीला : *(गर्माहट से)* मैं समझ सकती हूँ—कितनी शर्म की बात है

इंस्पेक्टर : शीला जी, इस देश के हर छोटे-बड़े शहर में बहुत सी लड़कियाँ ऐसी ही बदतर जिंदगी जी रही हैं। अगर वे न हों तो फैक्टरियों-कारखानों को सस्ती मजदूर कहाँ से मिलें। अपने पापा से पूछ लीजिए।

शीला : पर ऐसी लड़कियाँ सस्ती मजदूर नहीं हैं। वे भी जीती-जागती इंसान हैं।

इंस्पेक्टर : *(शुष्कता से)* खुद मेरे अपने विचार भी ऐसे ही रहे थे। कई बार तो मुझे लगता है कि अगर अपनी गंदी झोंपड़ियों में से इन लड़कियों की जगह पर हम अपने आप को रख कर देखें तो अच्छा होगा।

शीला : हाँ, उससे उनका कुछ भला होगा। फिर क्या उसके साथ?

इंस्पेक्टर : उसकी किस्मत अच्छी थी। उसे एक दुकान—एक बहुत अच्छी दुकान रघुराज एंड संस के यहाँ काम मिल गया।

शीला : रघुराज। हम लोग वहाँ अक्सर जाते हैं। दरअसल आज दोपहर ही मैं वहाँ गई थी—*(रमेश से)* तुम्हारे काम के चक्कर में।

रमेश : *(मुस्कुराते)* वाह !

शीला : हाँ, रघुराज के यहाँ काम मिल जाना अच्छी किस्मत की बात है।

इंस्पेक्टर : वह भी वही सोच रही थी। उन्नीस सौ बयासी के दिसम्बर की शुरुआत में मलेरिया काफी फैला हुआ था और रघुराज के यहाँ आदमियों की कमी पड़ गई। बस, उसे मौका मिल गया। उसे भी वहाँ काम करना अच्छा लग रहा था। फैक्टरी से बिल्कुल अलग तरह का काम। सुन्दर-सुन्दर कपड़ों के बीच बने रहने में उसे मजा आता होगा—इसमें कोई शक नहीं। और उसे लगा कि वह फिर से एक नई शुरुआत कर रही है। आप कल्पना कर सकती हैं कि उसने कैसा महसूस किया होगा।

शीला : हाँ-हाँ, क्यों नहीं।

मि. खन्ना : और फिर वह वहाँ भी मुसीबत में फँस गई, शायद।

इंस्पेक्टर : करीब दो महीनों के बाद जब वह महसूस करने लगी कि वह बहुत अच्छी तरह से जम गई है, उन्होंने भी उसे निकल जाने को कह दिया।

मि. खन्ना : अपना काम ठीक से नहीं करती थी?

इंस्पेक्टर : उसके काम करने के तरीके में कोई गलती नहीं थी—ऐसा उन्होंने भी स्वीकार किया।

मि. खन्ना : पर कुछ गलती हुई ही होगी।

इंस्पेक्टर : उसे सिर्फ इतना ही पता था कि एक ग्राहक ने उसकी शिकायत की थी और उसे छोड़ देना पड़ा।

शीला : *(उसे घूरते, उत्तेजित सी)* कब की बात है यह?

इंस्पेक्टर : *(जोर देकर)* पिछले साल—जनवरी के आखिर में।

शीला : लड़की देखने में कैसी थी।

इंस्पेक्टर : आप यहाँ आ जाएँ तो मैं दिखा सकता हूँ। *(वह लैम्प की रोशनी के पास चला जाता है। शीला उसके पास आ जाती है। वह फोटो निकालता है वह नजदीक से देखती है, हल्की सी चीख के साथ पहचान लेती है। दबी-घुटी सी सिसकी लेती बाहर भाग जाती है। इंस्पेक्टर फोटो अपनी जेब में रख लेता है और शीला के पीछे देखता है। बाकी तीनों एक क्षण के लिए सन्न से हैं।)*

मि. खन्ना : क्या हुआ है उसे?

अशोक : फोटो देखकर उसने उसे पहचान लिया था—नहीं।

इंस्पेक्टर : हाँ।

मि. खन्ना : *(गुस्से से)* तुम बच्ची को क्यों तंग कर रहे हो?

इंस्पेक्टर : मैंने कुछ नहीं किया। वह खुद ही परेशान है।

मि. खन्ना : पर क्यों-क्यों?

इंस्पेक्टर : मुझे खुद भी मालूम नहीं। यही तो मुझे पता लगाना है।

मि. खन्ना : अभी भी गुस्से में खैर, पहले मैं ही पता लगा लूँ अगर तुम्हें कोई एतराज न हो तो।

रमेश : क्या मैं जाऊँ उसके पास?

मि. खन्ना : *(चलते)* नहीं, यह मेरे ऊपर छोड़ दो। अपनी वाइफ को भी बताऊँ यहाँ क्या हो रहा है। *(दरवाजे की तरफ मुड़ते, इंस्पेक्टर को गुस्से से घूरते)* हम लोग एक छोटी सी पार्टी सेलिब्रेट कर रहे थे और तुमने सब गड्ड-मड्ड कर दिया—नहीं?

इंस्पेक्टर : *(तेजी से)* मैं भी अस्पताल में सुमन की लाश के पास खड़ा यही सोच रहा था। एक अच्छी-खासी जीती-जागती जिंदगी और किसी ने उसे तहस-नहस करके रख दिया।

(मि. खन्ना विरोध करना चाहते हैं, पर फिर जोर से दरवाजा बंद करके चला जाता है। रमेश और अशोक असहज से एक-दूसरे को देखते हैं। इंस्पेक्टर कोई ध्यान नहीं देता।)

रमेश : मैं भी उस फोटो को देखना चाहता हूँ, इंस्पेक्टर।

इंस्पेक्टर : समय आने पर।

रमेश : आखिर क्यों?

इंस्पेक्टर : *(काटते हुए जोर से)* मैंने जो पहले कहा था आपने सुना ही होगा। एक वक्त पर एक इन्क्वायरी नहीं तो हम सभी लोग एक साथ बताने लगेंगे और फिर कहीं नहीं पहुँच पायेंगे। अगर आपके पास मुझे बताने को कुछ है तो जल्दी ही इसका मौका मिलेगा।

रमेश : *(कुछ असहज)* खैर, मुझे नहीं लगता कि मेरे पास कुछ...

अशोक : *(अचानक चीखते हुए)* मैं इससे तंग आ चुका हूँ।

इंस्पेक्टर : *(शुष्कता से)* मैं भी यही कह सकता हूँ।

अशोक : *(असहज सा)* सॉरी, दरअसल इस छोटी सी पार्टी में मैं काफी पी गया हूँ—यहाँ तक कि बहुत सारी शैम्पेन भी और मेरे सर में दर्द है। यहाँ मेरा कोई काम भी नहीं है, इसलिए यह कि मैं चला जाऊँ।

इंस्पेक्टर : और मेरा ख्याल है तुम यहीं रहो।

अशोक : पर क्यों?

इंस्पेक्टर : शायद इसमें कम तकलीफ हो। अगर अंदर चले गए तो फिर बाहर आना पड़ेगा।

रमेश : बहुत ही खुन्दकी हो रहे हो, इंस्पेक्टर।

इंस्पेक्टर : हो सकता है। पर अगर आप मेरे साथ ठीक से पेश आएँ तो मैं भी वैसा ही करूँगा।

रमेश : समझते क्यों नहीं, हम लोग इज्जतदार नागरिक हैं कोई चोर-अपराधी नहीं।

इंस्पेक्टर : कई बार दोनों में ज्यादा फर्क नहीं होता। अगर मुझसे पूछा जाए तो मैं तो दोनों में कोई भेद नहीं कर पाऊँगा।

रमेश : शुक्र है कि यह काम तुम पर नहीं छोड़ा गया है।

इंस्पेक्टर : बिल्कुल नहीं। पर कुछ काम मुझे ही करने हैं। मिसाल के तौर पर इस तरह की इन्क्वायरी *(शीला आती है, लगता है रोती रही है)* हाँ तो, शीला जी?

शीला : *(अंदर आते, दरवाजा बंद करते)* आपको शुरू से पता था कि वह ग्राहक मैं ही था—नहीं?

इंस्पेक्टर : लड़की ने खुद जो लिखा था, उससे कुछ ऐसा ही लगा था।

शीला : मैंने पापा को बता दिया है। उन्हें उसमें कोई खास बात नहीं लगी पर मैं उस वक्त भी परेशान थी और अब तो और भी ज्यादा। क्या इससे उसकी जिंदगी पर काफी असर पड़ा?

इंस्पेक्टर : हाँ, पड़ा। यह उसकी आखिरी पक्की नौकरी थी। और जब वह भी बिना किसी ऐसे कारण के छिन गई तो उसने दूसरी तरह की जिंदगी बिताने का निश्चय किया।

शीला : *(दीनता से)* क्या मैं सचमुच में जिम्मेदार हूँ?

इंस्पेक्टर : पूरी तौर से तो नहीं। इसके बाद भी उसके साथ बहुत कुछ हुआ पर कुछ हद तक तुम भी कसूरवार हो, जैसे तुम्हारे पापा।

अशोक : पर शीला ने क्या किया था?

शीला : *(दुखी सी)* मैंने रघुराज के मैनेजर से शिकायल की थी कि अगर वे उस लड़की को नहीं निकालेंगे तो मैं उसकी दुकान पर कभी नहीं आऊँगी और मम्मी से कहकर अपना सारा हिसाब किताब बंद करा दूँगी।

इंस्पेक्टर : पर तुमने ऐसा किया क्यो?

शीला : मैं बहुत गुस्से में थी।

इंस्पेक्टर : गुस्सा तुम्हारा—इसमें उस लड़की ने क्या किया था?

शीला : मैं शीशे में खुद को देख रही थी कि मैंने उसे अपने असिस्टेंट के साथ मुस्कुराते देख लिया और मुझे उस पर गुस्सा आ गया। गुस्से

में तो मैं पहले से ही थी।

इंस्पेक्टर : क्या इसमें भी लड़की का कोई कसूर था?

शीला : नहीं, बिल्कुल नहीं। मेरी अपनी गलती थी। *(अचानक रमेश से)* ठीक है, रमेश, मुझे इस तरह से मत देखो। कम से कम मैं सच बोलने की कोशिश कर रही हूँ। कुछ काम तुमने भी ऐसे किए ही होंगे, जिनके लिए शर्मिंदा होना पड़ा हो।

रमेश : *(चकित सा)* मैंने कब कहा कि मैंने नहीं किए पर मेरी समझ में...

इंस्पेक्टर : *(काटते हुए)* खैर, छोड़ो उसे। तुम लोग बाद में आपस में सलट लेना। *(शीला से)* हुआ क्या था?

शीला : मैं एक ड्रैस ट्राई करने गई थी। पसंद मेरी अपनी थी। मम्मी उसके खिलाफ थी और असिस्टेंट भी पर मैंने ही जिद की। जैसे ही मैंने उसे पहनकर देखा मैं समझ गई कि वे लोग ठीक ही थे। मुझ पर बिल्कुल भी नहीं जँच रही थी। उस ड्रैस में मैं बिल्कुल बेवकूफ सी लग रही थी। खैर, यही लड़की वह ड्रैस लेकर आई थी और जब असिस्टेंट कमला ने उसके बारे में कुछ पूछा तो उसने ड्रैस को इस तरह से उठाकर दिखाया मानों वह खुद पहने हुए हो। और उस पर वह खूब जँच रही थी, जैसे कि वह उसी के लिए बनी हो। लड़की थी भी बड़ी सुंदर—बड़ी-बड़ी काली आँखें—पर इससे क्या। खैर जैसे ही मैंने पहनकर अपने-आप को देखा मैं समझ गई कि गलत हो गया है। उसी वक्त मैंने उसे कमला के साथ मुस्कुराते पकड़ लिया, मानों कह रही हो, "कितनी बेहूदा लगती है" और मुझे एकदम गुस्सा आ गया। मैं दोनों से ही नाराज हो गई और फिर मैनेजर के पास जाकर शिकायत कर दी कि यह लड़की कितनी असभ्य है *(और-और।)* वह जैसे फूट पड़ती है, फिर अपने को नियंत्रित करके *(मुझे)* क्या पता था कि बाद में क्या होगा? अगर वह कोई सी लड़की होती तो शायद मैंने ऐसा न किया होता पर वह बहुत सुंदर थी और लगता था कि अपने लिए कोई रास्ता निकाल लेगी। उस वक्त मुझे उसके लिए कोई अफसोस नहीं हुआ था।

इंस्पेक्टर : दरअसल एक तरह से तो तुम्हें उससे जलन ही हुई होगी।

शीला : हाँ, मुझे भी ऐसा ही लगता है।

इंस्पेक्टर : और तुमने शहर के जाने पहचाने आदमी और एक अच्छे ग्राहक की लड़की के रूप में उस लड़की को सजा दिलाने के लिए अपनी

ताकत का इस्तेमाल किया—सिर्फ इसलिए कि उसकी वजह से तुम्हें ऐसा महसूस हुआ।

शीला : पर उस वक्त मुझे इसमें कुछ भी गलत नहीं लगा था—आप समझते क्यों नहीं? और अगर अब मैं उसके लिए कुछ कर सकती तो—

इंस्पेक्टर : *(कठोरता से)* पर अब ऐसा नहीं हो सकता। बहुत देर हो चुकी है। वह मर चुकी है।

अशोक : बाप रे, सोचने लगें तो कितनी परतें उधड़ती चली आती हैं।

शीला : *(जल्दी से)* चुप हो जाओ अशोक। मुझे पता है—ऐसा कुछ मैंने सिर्फ एक बार किया है और अब मैं किसी के साथ ऐसा नहीं करूँगी—कभी नहीं। रघुराज में सभी लोग मुझे अजीब सी नज़रों से देखते हैं। आज दोपहर में भी मुझे ऐसा ही लगा था। शायद वहाँ कुछ लोगों को आज तक याद है, लगता है मैं अब वहाँ कभी नहीं जा पाऊँगी। ओह क्यों हुआ ऐसा?

इंस्पेक्टर : *(सख्ती से)* आज रात जब मैं उसकी लाश देख रहा था तो मैंने अपने आप से भी यही पूछा था। और फिर मैंने खुद से ही वहाँ ठीक है, हम इस बात को जानने की कोशिश करेंगे कि ऐसा क्यों हुआ? और इसीलिए मैं यहाँ हूँ और तब तक नहीं जाऊँगा जब तक पूरे वाकये का पता न कर लूँ। खन्ना एंड कम्पनी की नौकरी मंजरी से इसलिए छूट गई क्योंकि हड़ताल फेल हो गई थी और वे लोग अगली हड़ताल के लिए बिल्कुल भी तैयार नहीं थे। आखिर उसे दूसरी नौकरी मिल गई—किस नाम से, मुझे पता नहीं—एक बड़ी दुकान में और वहाँ से भी इसलिए छोड़ना पड़ा क्योंकि तुम्हें अपने ऊपर गुस्सा था और वह गुस्सा तुमने उस पर उतार दिया। अब उसे कुछ और काम चाहिए था। इसलिए पहले उसने अपना नाम बदल कर मोना रख लिया।

रमेश : चकित सा क्या?

इंस्पेक्टर : *(दृढ़ता से)* मैंने यही कहा कि उसने अपना नाम बदलकर सीमा रख लिया।

रमेश : *(खुद को सँभालते)* अगर मैं थोड़ी सी पी लूँ, तुम्हें कोई एतराज होगा शीला?

(शीला सिर्फ सर हिला देती है—वह लगातार उसे घूरती रहती है। वह शराब के लिए उठता है।)

इंस्पेक्टर : आपके पापा कहाँ हैं, शीला जी?

शीला : वह ड्रांइग रूम में मम्मी को यही सब बताने गए थे। अशोक, इंस्पेक्टर को वही ले जाओ।

(अशोक उठता है, इंस्पेक्टर शीला और रमेश को देखते हुए अशोक के साथ चला जाता है।)

हाँ तो, रमेश?

रमेश : *(मुस्कुराने की कोशिश में)* हाँ तो क्या, शीला?

शीला : तुम्हारी मंजरी से कैसे जान-पहचान हुई?

रमेश : मेरी? बिल्कुल नहीं।

शीला : तो सीमा के साथ सही—एक ही बात है।

रमेश : मुझे उससे क्या मतलब?

शीला : पागल मत बनो। हमारे पास ज्यादा वक्त भी नहीं है। तुम तो उसी वक्त पकड़े गए थे, जब उसने उसका दूसरा नाम लिया।

रमेश : ठीक है। मैं उसे जानता था। अब इसे वहीं खत्म कर दें।

शीला : नहीं, हम उसे यूँ ही खत्म नहीं कर सकते।

रमेश : *(पास आते)* मेरी बात तो सुनो, डार्लिंग।

शीला : कोई फायदा नहीं। तुम उसे सिर्फ जानते ही नहीं, अच्छी तरह से जानते थे। नहीं तो उस बारे में इतना अपराधी महसूस न करते। पहली बार कब तुम्हारा परिचय हुआ उससे? क्या रघुराज के यहाँ से छोड़ने के बाद? या जब उसने नाम बदलकर दूसरी तरह की जिंदगी शुरू की? क्या तुम पिछले वसंत और गर्मियों में उससे मिलते रहे, जब तुम शायद ही कभी मुझसे मिलने आए और बताया कि तुम बहुत बिजी थे? क्या ऐसा था? हाँ, सचमुच में ऐसा ही था।

रमेश : आयॅम सॉरी, शीला। पर ये सब तो पिछली गर्मियों में ही खत्म हो गया था। पिछले छः महीने से तो मैंने उसे देखा भी नहीं। मेरा इस आत्महत्या के मसले से कोई वास्ता नहीं।

शीला : मैं भी ठीक, यही सोच रही थी—आधा घंटा पहले।

रमेश : तुम ठीक कहती हो। हममें से कोई भी इसमें शामिल नहीं है, इसलिए खुदा के वास्ते, इंस्पेक्टर से कुछ मत कह देना।

शीला : तुम्हारे और इस लड़की के बारे में?

रमेश : हाँ, हम उसे नहीं बतायेंगे।

शीला : *(पागल सी हँसी)* क्यों—कितने बेवकूफ हो तुम—उसे पता है। उसे सचमुच में सब कुछ पता है। और मुझे तो यह सोचना भी अजीब लग रहा है कि उसे कितना कुछ मालूम है जो हम अभी भी नहीं

जानते। तुम खुद देख लोगे—देख लोगे तुम।

(वह विजयी सी उसकी तरफ देखती है। वह पराजित सा दिखाई देता है। दरवाजा धीरे से खुलता है और इंस्पेक्टर उनकी तरफ घूरता दिखाई देता है।)

इंस्पेक्टर : तो?

(पर्दा गिरता है।)

अंक दो

(पर्दा खुलने पर दृश्य एवं िथितियाँ पहले अंक की ही तरह हैं। इंस्पेक्टर कुछ देर तक दरवाजे पर खड़ा होकर शीला और रमेश को देखता रहता है फिर दरवाजा खुला छोड़कर आगे आ जाता है।)

इंस्पेक्टर : *(रमेश से)* तो फिर?

शीला : *(पागलों की तरह हँसते हुए रमेश से)* देखा? क्या कहा था मैंने?

इंस्पेक्टर : क्या कहा था तुमने?

रमेश : *(कोशिश करते हुए)* इंस्पेक्टर मैं समझता हूँ अब मिस शीला को इस अदालती सवाल जवाब से छुटकारा मिल जाना चाहिए। आपको और कुछ बताने के लिए अब इनके पास कुछ नहीं बचा है। आप तो जानते हैं हम लोग आज अपनी सगाई सैलिब्रेट कर रहे थे जिसके उत्साह और चहल-पहल ने इन्हें थका डाला है। बहुत हो गया अब ये सब इनकी बर्दाश्त से बाहर है। आपने देख ही लिया है।

शीला : इन्हें डर है कहीं मैं पागल न हो जाऊँ।

इंस्पेक्टर : क्या आपको भी लग रहा है?

शीला : शायद।

इंस्पेक्टर : ठीक है अब मैं आपको और रोकना भी नहीं चाहता क्योंकि अब मुझे आपसे कुछ नहीं पूछना।

शीला : लेकिन अभी आपके सवाल तो खत्म नहीं हुए न?

इंस्पेक्टर : नहीं।

शीला : *(रमेश से)* देखा? *(इंस्पेक्टर से)* फिर मैं रुक रही हूँ।

रमेश : तुम क्यों रुक रही हो? इससे तुम ज्यादा परेशान हो जाओगी।

इंस्पेक्टर : और आपको लगता है कि जवान लड़कियों को परेशानी से बचाया जाना चाहिए।

रमेश : जहाँ तक हो सके–हाँ।

इंस्पेक्टर : खैर हम एक ऐसी जवान लड़की को जानते हैं जिसे बचाया नहीं गया, नहीं?

रमेश : मेरे ख्याल से मैंने कहकर मुसीबत मोल ले ली है।

शीला : रमेश ध्यान रखना कहीं और मुसीबत गले न पड़ जाए।

रमेश : मैं तो तुम्हें सिर्फ ये कहना चाहता था कि जब तुम्हें इस सबसे नफरत है तो क्यों रुक रही हो?

शीला : मेरे ख्याल से मेरे साथ इससे बुरा और कुछ नहीं हो सकता। और शायद इसी में कुछ भलाई हो।

रमेश : *(कड़ुवाहट से)* ठीक है।

शीला : क्या ठीक है?

रमेश : तुम तो इस झंझट से निकल चुकी हो और अब चाहती हो कि कोई और उसमें फंस जाए।

शीला : *(कड़ुवाहट से)* तो तुम मुझे इस तरह की लड़की समझते हो। अच्छा हुआ मुझे समय रहते पता चल गया रमेश।

रमेश : नहीं-नहीं मेरा यह मतलब नहीं था।

शीला : *(बीच में ही काटते हुए)* हाँ, हाँ यही मतलब था। अगर तुम मुझे सचमुच प्यार करते होते तो तुम ऐसा नहीं कहते। तुमने वो पूरी कहानी सुनी किस तरह से मैंने उस लड़की को उनके यहाँ से निकलवाया। और इस दौरान तुमने ये जरूर सोचा होगा कि मैं कितनी नीच और मतलबी हूँ।

रमेश : न तो मैंने ये कहा है और नहीं मैंने ऐसा सोचा था।

शीला : तो ये क्यूँ कहा कि मैं किसी और को फँसाना चाहती हूँ? मैं तो ऐसा सोच भी नहीं सकती।

रमेश : अच्छा भई अब माफ भी कर दो।

शीला : वो तो ठीक है पर तुम्हें मुझ पर विश्वास नहीं है। और ऐसे समय पर विश्वास न करना कितना बुरा लगता है।

इंस्पेक्टर : *(स्थिति को अपने हाथ में लेते हुए)* रुकिए शीला जी। *(रमेश से)* मैं आपको बता सकता हूँ कि ये यहाँ क्यूँ रुकना चाह रही है और इनके कहने के अनुसार ये किस तरह से इनके लिए अच्छा हो सकता

है। आज रात एक लड़की की मौत हो गयी है। एक ऐसी सुंदर और चंचल लड़की जिसने किसी का बुरा नहीं चाहा। वो इतनी दर्दनाक मौत मरी जैसे उसे जिन्दगी से बहुत नफरत हो।

शीला : *(दुखी होकर)* प्लीज। और कुछ मत कहिए। मैं जानती हूँ और इसे भूल भी नहीं सकती।....

इंस्पेक्टर : *(उस पर ध्यान न देते हुए)* शीला जी को ये समझ आ गया है कि उन्होंने उस लड़की के साथ क्या किया। वो अपने आपको इसके लिए जिम्मेदार समझ रही हैं। और अगर अब तो वो बिना सुने यहाँ से चली जाती हैं। तो वो अपने आपको पूरी तरह से दोषी मानेंगी। और वो अकेली ही इससे जूझती रहेंगी आज रात, कल रात फिर अगली रात---

शीला : *(एकदम से)* बिल्कुल ठीक। और मैं जानती हूँ मैं ही कसूरवार हूँ जिसके लिए मुझे बहुत अफसोस है। पर मैं ये विश्वास नहीं कर सकती और नहीं करूँगी कि सिर्फ मेरी ही वजह से उसने आखिरकार आत्महत्या कर ली। उफ्!

इंस्पेक्टर : *(दोनों को गुस्से से)* देखो, कुछ तो शेयर करना ही होगा। और कुछ नहीं तो कसूर तो शेयर करना ही होगा।

शीला : *(उसकी तरफ देखते हुए)* जी। बिल्कुल ठीक। *(वो सोचते हुए इंस्पेक्टर के करीब जाती है।)* देखिए मैं आपको समझ नहीं पा रही हूँ।

इंस्पेक्टर : *(शान्ति से)* समझने की ऐसी कोई जरूरत भी नहीं है।

(शान्ति से उसे अपनी ओर शंका भरी नजरों से देखते हुए देखता है। अब मिसेज खन्ना का पूरे विश्वास के साथ प्रवेश। जैसे उसे इस सबसे कोई मतलब नहीं। शीला ये एकदम से समझ जाती है।)

मिसेज खन्ना : *(मुस्कुराते हुए)* गुड ईवनिंग, इंस्पेक्टर।

इंस्पेक्टर : गुड ईवनिंग, मैडम।

मिसेज खन्ना : *(उसी तरह से)* मैं मिसेज खन्ना हूँ। मेरे पति ने मुझे अभी-अभी आपके आने का कारण बताया, और हमें खुशी होगी अगर हम आपको कुछ बता सके जो आप जानना चाहते हैं मुझे नहीं लगता हम आपकी ज्यादा मदद कर सकेंगे।

शीला : नहीं ममा—प्लीज।

मिसेज खन्ना : *(बहुत हैरानी से)* मैं जानती हूँ ये बेवकूफी है—

शीला : क्या?

मिसेज खन्ना : *(सकुचाते हुए)* मैं जानती हूँ ये बेवकूफी है।

शीला : देखो, मुझे लगता है आप बिल्कुल गलत कह रही हैं। मुझे डर है कि आप कुछ ऐसा कह देंगी या कर डालेंगी जिसके लिए आपको बाद में बहुत अफसोस होगा।

मिसेज खन्ना : मुझे समझ नहीं आ रहा शीला कि तुम किस बारे में बात कर रही हो।

शीला : हम सबने भी इसी तरह हँसते हुए और पूरे विश्वास के साथ बात शुरू की थी लेकिन ये तब तक ही हो सका जब तक इन्होंने सवाल पूछने शुरू नहीं कर दिए।

(मिसेज खन्ना पहले शीला को फिर इंस्पेक्टर को देखती हैं।)

मिसेज खन्ना : इंस्पेक्टर लगता है आपने इस बच्ची के दिमाग पर कुछ ज्यादा ही असर कर दिया है।

इंस्पेक्टर : *(शान्त भाव से)* हाँ अक्सर हमें बच्चों के साथ ऐसा करना ही पड़ता है उन पर असर जरा जल्दी ही हो जाता है।

(वो और मिसेज खन्ना एक दूसरे को थोड़ी देर देखते हैं फिर मिसेज खन्ना शीला की तरफ मुड़कर।)

मिसेज खन्ना : तुम कुछ थकी सी लग रही हो। अब तुम्हें जाकर सो जाना चाहिए। इन बेतुकी बातों को दिमाग से निकाल दो। सुबह तक तुम ठीक हो जाओगी।

शीला : ममा, मैं नहीं जा सकती। मेरे लिए इससे बुरा और क्या हो सकता है। हम लोग इस बारे में बात कर चुके हैं। मैं यहाँ से तब तक नहीं जाऊँगी जब तक मुझे ये नहीं पता चल जाता कि उस लड़की ने अपने आप को क्यूँ खत्म कर लिया।

मिसेज खन्ना : अरे कुछ नहीं ऐसे ही बेवकूफी की।

शीला : नहीं ऐसा नहीं है।

मिसेज खन्ना : मेरी बात को इस तरह से मत काटो। और वैसे भी ये जानना जरूरी नहीं है कि उस लड़की ने आत्महत्या क्यूँ की। उस क्लास की लड़कियाँ...

शीला : *(एकदम से बात काटते हुए)* ममा, ये मत कहो प्लीज। अपनी और हमारी भलाई के लिए ऐसा मत....

मिसेज खन्ना : *(गुस्से से)* मत कहो—क्या? शीला तुम भी बस।

शीला : *(धीरे से और सावधानी से)* आप हमारे और उस लड़की के बीच ये क्लास की दीवार मत खड़ी कीजिए और अगर आप ऐसा करती

हैं तो ये उसे तोड़ देंगे। और ये और भी बुरा होगा।

मिसेज खन्ना : मुझे कुछ समझ नहीं आ रहा कि तुम क्या कह रही हो। *(इंस्पेक्टर से)* क्या आपको कुछ समझ आ रहा है?

इंस्पेक्टर : हाँ। ये बिल्कुल ठीक कह रही हैं।

मिसेज खन्ना : *(गुस्से से)* माफ कीजिएगा क्या कहा आपने!

इंस्पेक्टर : *(साफ शब्दों में)* मैंने कहा हाँ मैं इन्हें समझता हूँ और ये बिल्कुल ठीक कह रही हैं।

मिसेज खन्ना : इंस्पेक्टर मुझे लगता है कि यह बात इतनी महत्त्वपूर्ण नहीं है। *(शीला थोड़ी देर पागलों की तरह हँसती है)* शीला अब क्या हुआ तुम्हें?

शीला : पता नहीं। शायद महत्त्वपूर्ण शब्द पर हँसी आ गई।

मिसेज खन्ना : फिर भी...

शीला : इससे पहले कि बहुत देर हो जाए बेहतर है आप चुप हो जाएँ ममा।

मिसेज खन्ना : शायद तुम्हें लगता है इंस्पेक्टर बुरा मन जायेंगे।

इंस्पेक्टर : *(शान्त भाव से बीच में काटते हुए)* नहीं नहीं मैं कभी बुरा नहीं मानता।

मिसेज खन्ना : बहुत खुशी हुई ये सुन कर जब कि मुझे ऐसा लगता है कि ये बुरा मानने वाली बात हो सकती है।

इंस्पेक्टर : बुरा मानना, ये शब्द यदि छोड़ दिया जाए तो बेहतर नहीं होगा?

रमेश : हाँ मेरे ख्याल से बेहतर ही होगा।

शीला : मुझे भी ऐसे ही लगता है।

मिसेज खन्ना : *(उन्हें डाँटते हुए)* बुरा मत मानना, मैं जरा इंस्पेक्टर से बात कर रही हूँ *(इंस्पेक्टर से पूरे रौब से)* ये ठीक है कि आपको कुछ इन्क्वायरी करनी है पर मैं ये जरूर कहूँगी कि अभी तक आप बहुत बेहूदा तरीके से पेश आ रहे हैं। आप शायद जानते ही होंगे कि मेरे पति दो साल पहले म्युनिसिपल कमेटी के चेयरमैन थे और वो अभी भी मैजिस्ट्रेट हैं...

रमेश : *(बेसब्री से बात काटते हुए)* मिसेज खन्ना इंस्पेक्टर को ये सब मालूम है। और मेरे ख्याल से उन्हें फिर से ये याद दिलाना कोई अच्छा विचार नहीं है...

शीला : *(बात काटते हुए)* ओह इटस क्रेजी, ममा अब बन्द करो इसे प्लीज।

इंस्पेक्टर : *(बेअसर उसी शान्त भाव से)* तो मि. खन्ना के बारे में आप क्या कह रही हैं?

मिसेज खन्ना : वो अभी आ रहे हैं। वो मेरे बेटे अशोक से बात कर रहे हैं जिसके सिर पर आज पागलपन सवार है।

इंस्पेक्टर : क्या हुआ है उसे?

मिसेज खन्ना : अशोक को? मेरे ख्याल से उसने आज कुछ ज्यादा ही पी ली है। एक्चुअली हम एक पार्टी सेलिब्रेट कर रहे थे...

इंस्पेक्टर : *(बात काटते हुए)* क्या उसे पीने की आदत नहीं है।

मिसेज खन्ना : बिल्कुल नहीं, वो अभी बच्चा ही तो है।

शीला : नहीं वो एक जवान लड़का है और कुछ जवान लड़के तो बहुत ज्यादा पी लेते हैं। और अशोक उन्हीं में से एक है।

मिसेज खन्ना : *(गुस्से से)* शीला।

शीला : *(जल्दी से)* बेचारे अशोक को मैं किसी मुसीबत में नहीं डालना चाहती। वो शायद पहले ही काफी मुसीबत में है। हमें इन बेबुनियादी बातों को छोड़ देना चाहिए। हमें इस समय झूठ नहीं बोलना चाहिए कि अशोक को पीने की आदत नहीं है। वो पिछले दो साल से बहुत ज्यादा पी रहा है।

मिसेज खन्ना : *(हैरान होकर)* बिल्कुल गलत। रमेश तुम तो उसे जानते ही हो और तुम खुद एक लड़के हो तुम्हें तो पता ही होगा कि ये बिल्कुल गलत है।

इंस्पेक्टर : *(रमेश को हिचकिचाते देखकर)* क्यों मि. कपूर?

रमेश : *(माफी माँगते हुए मिसेज खन्ना से)* माफ कीजिए लेकिन सच यही है वैसे मैंने उसे घर से बाहर ज्यादा देखा नहीं है पर हाँ मुझे ये पता चला है कि वो बहुत ज्यादा पीता है।

मिसेज खन्ना : (कड़वाहट से) और तुम्हें शायद यही समय मिला मुझे बताने को।

शीला : हाँ, बिल्कुल। उस दीवार वाली बात से मेरा यही मतलब था। ये सह पाना बहुत मुश्किल है।

मिसेज खन्ना : इंस्पेक्टर तो नहीं। ये तुम कह रही हो–

शीला : हाँ वो तो ठीक है पर क्या आपको दिखता नहीं है ? उन्होंने तो अभी आपसे बात भी नहीं की।

मिसेज खन्ना : *(थोड़ी संयत होते हुए कुछ देर बाद)* अगर जरूरत हुई तो मैं खुशी से उन सब सवालों का उत्तर दूँगी जो इंस्पेक्टर मुझसे पूछना चाहते हैं। वैसे मैं उस लड़की के बारे में कुछ नहीं जानती।

इंस्पेक्टर : *(गंभीर स्वर में)* ठीक है मिसेज खन्ना देख लेते हैं।

(मि. खन्ना का प्रवेश जो दरवाजा बंद करके अंदर आते हैं।)

मि. खन्ना : *(कुछ गुस्से से)* मैं कब के अशोक से कह रहा हूँ कि जा कर सो जाए पर वो मानता ही नहीं। वो कह रहा है कि आपने ही उससे यहाँ रहने के लिए कहा है। क्या आपने कहा है?

इंस्पेक्टर : हाँ मैंने कहा है।

मि. खन्ना : क्यूँ?

इंस्पेक्टर : मि. खन्ना, इसलिए क्योंकि मुझे इससे बात करनी पड़ेगी।

मि. खन्ना : मुझे नहीं लगता कि आपको उससे बात करने की जरूरत है। पर अगर आपको बात करनी ही है तो आप उससे अभी बात कर लीजिए। उसे आप अंदर बुला लीजिए और बात खत्म करके उसे जाने दीजिए।

इंस्पेक्टर : नहीं, मैं अभी ऐसा नहीं कर सकता। सॉरी, उसे रुकना पड़ेगा।

मि. खन्ना : पर देखिए इंस्पेक्टर...

इंस्पेक्टर : *(आदेशात्मक स्वर में बात काटते हुए)* उसे अपनी बारी का इंतजार करना ही होगा।

शीला : *(मिसेज खन्ना से)* देखा आपने?

मिसेज खन्ना : नहीं, मैंने कुछ नहीं देखा, अरे शीला तुम्हें बोलने की कोई जरूरत नहीं है।

मि. खन्ना : *(गुस्से से)* इंस्पेक्टर मैं आपको पहले ही कह चुका हूँ कि मुझे आपका बात करने और पूछताछ का तरीका बिल्कुल पसंद नहीं और अब मैं आपको और छूट नहीं दे सकता।

इंस्पेक्टर : आपको मुझे छूट देने की कोई जरूरत नहीं।

शीला : *(जंगलीपन से हँसते हुए)* नहीं छूट तो ये हमें दे रहे हैं ताकि हम खुद ही खत्म हो जाएँ।

मि. खन्ना : *(मिसेज खन्ना से)* इसको क्या हुआ है?

मिसेज खन्ना : ओवर एक्साइटमेण्ट जाने के लिए मान नहीं रही। *(गुस्से से इंस्पेक्टर से)* अब आप सीधी तरह से बता दीजिए कि आप क्या जानना चाहते हैं?

इंस्पेक्टर : *(शान्ति से)* पिछले साल इस लड़की मंजरी को रघुराज क. से निकाला गया क्योंकि शीला जी ने उन्हें ऐसा करने के लिए मजबूर किया और तब उसने नौकरी ढूँढ़ते समय अपना नाम मोना रख लिया। *(तेजी से रमेश की तरफ मुड़ते हुए)* मि. कपूर आप सबसे पहले उसे कब मिले थे? *(मि. खन्ना और मिसेज खन्ना)* हैरानी से रमेश को देखते हैं।

रमेश : आपको किसने कहा कि मैं उसे जानता था?

शीला : रमेश अब कोई फायदा नहीं तुम बेकार समय बरबाद कर रहे हो।

इंस्पेक्टर : जैसे ही मैंने सीमा नाम लिया तो पता चल गया कि तुम उसे जानते थे। तुमने अपनी पोल खुद ही खोल दी।

शीला : *(कड़वाहट से)* हाँ बिल्कुल ये उसे जानते थे।

इंस्पेक्टर : किसी तरह से मुझे यह पहले ही पता चल चुका था। तुम उसे सबसे पहले कब और कहाँ मिले?

रमेश : ठीक है, अगर आप जानना ही चाहते हैं तो सुनिए। मैं उसे पिछले साल मार्च के महीने में मिला था। मैंने उसे सबसे पहले सी.पी. के पार्क में देखा था।

शीला : हाँ-हाँ हम जानते हैं कि राष्ट्रपति भवन में तो मिल नहीं सकते थे।

रमेश : *(शीला से)* थैंक्स। तुम मेरी बहुत मदद करोगी, ये तो मैं देख ही रहा हूँ। तुम तो अपनी बात कह ही चुकी हो, और यकीनन तुम्हें ये पसंद नहीं आ सकता, तो बेहतर होगा कि तुम हमें बात करने दो।

शीला : अब मुझे कुछ नहीं बदल सकता। मैं अच्छी तरह से समझना चाहती हूँ कि एक आदमी का अपनी प्रेमिका से यह कहने का अर्थ क्या हो सकता है कि वो काम में इतना बिजी है कि उसके पास अपनी प्रेमिका के लिए भी वक्त नहीं है। अगर मैं उस स्थिति में होती तो मेरे लिए दुनिया का ऐसा कोई काम हो ही नहीं सकता था।

इंस्पेक्टर : *(निर्देशात्मक स्वर में)* हाँ तो मि. कपूर आप बता रहे थे कि आप उसे कनाट प्लेस के पार्क में मिले थे।

रमेश : एक रात मैं बहुत ही बोरिंग दिन बिताने के बाद यूँ ही कनाट प्लेस चला गया था। आमतौर पर औरतें वहाँ जाना काफी पसंद करती हैं।

मिसेज खन्ना : औरतें?

मि. खन्ना : हाँ, हाँ। पर मुझे इस सब बात की कोई तुक नजर नहीं आ रही है—और स्पेशली जब—*(शीला की तरफ इशारा करते हुए)*

मिसेज खन्ना : मेरे ख्याल से अगर शीला ये सब न सुने तो बेहतर होगा।

शीला : पर आप शायद यह भूल रही हैं कि इसी कहानी के हीरो से मेरी सगाई हो चुकी है। बोलो रमेश। तो तुम कनाट प्लेस गये जहाँ आमतौर पर औरतें जाना काफी पसंद करती हैं।

रमेश : मुझे खुशी है कि मेरी बात पर आपको हँसी तो आई—

इंस्पेक्टर : *(तेजी से)* मि. कपूर फिर क्या हुआ?

रमेश : मैंने वहाँ ज्यादा देर रुकने की सोची नहीं थी। मुझे तो वैसे ही उन लिपी-पुती औरतों से नफरत है। पर तभी मुझे एक लड़की नजर आई जो उन सबसे अलग सीधी बहुत सुंदर थी वो—सुंदर काले बाल और बड़ी-बड़ी काली आँखें— *(एकदम से बात रोक देता है)* हे ईश्वर !

इंस्पेक्टर : क्या हुआ?

रमेश : *(दुखी स्वर में)* माफ कीजिए—मुझे अभी-अभी महसूस हुआ कि वो तो मर चुकी है।

इंस्पेक्टर : हाँ, मर चुकी है।

शीला : शायद हम लोगों ने उसे मार डाला।

मिसेज खन्ना : *(गुस्से से)* बको मत, शीला।

शीला : रुको, ममा।

इंस्पेक्टर : *(रमेश से),* हाँ आगे।

रमेश : वो बहुत सुंदर, जवान और दूसरों से अलग-थलग दिखती थी। और वो कुछ परेशान सी थी। बूढ़ा गनपत उसे अकेली पाकर उसके साथ बदतमीजी कर रहा था—

मिसेज खन्ना : *(बात काटते हुए)* इतना विस्तार से बताने की कोई जरूरत नहीं। और तुम गनपत दादा की ही बात कर रहे हो क्या?

रमेश : हाँ, उसी की बात कर रहा हूँ। वो तो माना हुआ लौंडियाबाज और गुंडा है दिल्ली का।

इंस्पेक्टर : बिल्कुल ठीक।

मिसेज खन्ना : *(हैरान होकर)* सचमुच। गनपत दादा। आज रात तो पता नहीं क्या-क्या पता चलेगा।

शीला : *(शान्ति से)* हाँ, सचमुच। पर उस कमीने गनपत के बारे में तो सब जानते हैं। मैं एक ऐसी लड़की को जानती हूँ जो एक दोपहर उसे मिलने गई थी और जो बड़ी मुश्किल से फटे हुए ब्लाउज में बच कर भागी—

मि. खन्ना : *(एकदम से चौंक कर)* शीला।

इंस्पेक्टर : *(रमेश से)* आगे।

रमेश : लड़की ने मुझे अपनी हालत पहचानते हुए मेरी ओर इस तरह से देखा जैसे चीख कर कह रही हो ''मेरी मदद करो।'' तो मैं गनपत के पास गया और उसे इधर-उधर की बातों में बहकाने लगा—कहा

कि कोई उससे मिलना चाहता है और इस तरह से उसे भेज दिया। उसके बाद मैंने उस लड़की से कहा कि यदि उसे यह सब पसंद नहीं है तो मैं उसे बाहर निकाल सकता हूँ। वो एकदम से तैयार हो गई।

इंस्पेक्टर : फिर आप लोग कहाँ गये?

रमेश : तो हम जनपथ होटल गये। वहाँ हमने कुछ पीने के लिए लिया और यूँ ही बातें करते रहे।

इंस्पेक्टर : क्या उसने उस समय बहुत पी?

रमेश : नहीं। उसने सिर्फ शैम्पेन ली। वो सिर्फ थोड़ी सी दोस्ती चाहती थी, बात करने के लिए। मुझे लगा कि वो गनपत की हरकतों से बहुत डर गई थी।

इंस्पेक्टर : क्या उसने अपने बारे में बात की?

रमेश : हाँ। मैंने उससे उसके बारे में पूछा था। उसने मुझे अपना नाम सीमा बताया। वो अनाथ थी। वो किसी दूसरे शहर से आई थी। उसने मुझे यह भी बताया कि उसने पहले एक फैक्ट्री में काम किया था जो कि उसे हड़ताल की वजह से छोड़ना पड़ा। उसने दुकान का भी कुछ जिक्र किया था पर बताया नहीं कौन सी। और वो जानबूझ कर कुछ छुपा रही थी। मैं उसके 'पास्ट' के बारे में सारी जानकारी नहीं हासिल कर सका। वो सिर्फ अपने बारे में बात करना चाहती थी क्योंकि मैं दोस्ताना भाव से जानना चाहता था। पर वो सीमा ही बने रहना चाहती थी, ना कि मंजरी असल में मंजरी नाम तो मैंने आज पहली बार सुना है पर वो चूक गई जबकि वो बताना नहीं चाहती थी कि वो उन दिनों बेकार थी और उस समय भूखी भी थी। मैंने होटल में कुछ खाने का इंतजाम करवाया।

इंस्पेक्टर : और तब तुमने उसे अपनी रखैल बनाकर रखने का निश्चय कर लिया?

मिसेज खन्ना : क्या?

शीला : बिल्कुल ममा। ये तो शुरू से ही साफ था। आगे बोलो रमेश, माँ की परवाह मत करो।

रमेश : *(धीरे-धीरे)* उस रात तो नहीं, दो रातों के बाद मुझे पता चला, जब हम दुबारा मिले, इस बार अचानक नहीं—कि सचमुच उसके पास एक भी पैसा नहीं था और वो अपने कमरे से निकाल दिये जाने वाली थी। ऐसा हुआ कि मेरे एक दोस्त ने जो कि दिल्ली से बाहर

गया हुआ था, अपने घर की चाभी मुझे दे दी थी, अपने घर की देखभाल के लिये। तो मैंने सीमा को कहा कि वो फिलहाल उस घर में रहे और उसे कुछ पैसे भी दे दिये थे, उसके खर्चे के लिए। *(इंस्पेक्टर से, सावधानी से)* मैं अब आपके सामने साफ कह दूँ कि मैंने उसे बुरी नीयत से वहाँ नहीं रखा था। मैंने उसे वहाँ सिर्फ इसलिए भेजा था कि मुझे उस पर दया आ गई थी। मैं नहीं चाहता कि वो फिर से कनाट प्लेस के पार्क में धक्के खाये। मैंने उससे बदले में कुछ भी नहीं माँगा।

इंस्पेक्टर : हूँ।

शीला : पर ये सब तुम इन्हें क्यों बता रहे हो? तुम्हें ये मुझे बताना चाहिए था।

रमेश : हाँ बताना तो चाहिए था। सॉरी शीला, पर मैं।....

शीला : *(उसे हिचकिचाते हुए देख बात काट कर)* मुझे मालूम है ये तुम्हें मजबूर कर रहे हैं।

इंस्पेक्टर : लेकिन वो तुम्हारी रखैल बन गयी?

रमेश : जी हाँ। उसमें कोई परेशानी नहीं हुई। वो सुन्दर जवान और गर्म जोशा थी और उतना ही मेरी अहसान मंद थी। मैं एकदम से बहुत महत्त्वपूर्ण आदमी हो गया था उसकी जिन्दगी में—आप समझ रहे हैं न?

इंस्पेक्टर : हाँ। वो औरत थी और अकेली। क्या तुम उसे प्यार करते थे?

शीला : यही मैं पूछने वाली थी?

मि. खन्ना : *(गुस्से से)* अब मुझे बोलना ही होगा।

इंस्पेक्टर : *(तेजी से मि. खन्ना की ओर घूमकर)* आपको क्या एतराज है? सबसे पहले तो आप ही ने उसे काम से निकाला था।

मि. खन्ना : *(हैरानी से)* उस हालत में सभी यही करते। मुझे एतराज इस बात से है कि आप बेवजह मेरी जवान बेटी को इस मामले में घसीट रहे हैं—

इंस्पेक्टर : *(तेजी से)* आपकी बेटी कोई आसमान से तो उतरी नहीं है। वो भी इसी धरती पर रहती है।

शीला : हाँ और मेरे ही कारण उस लड़की को काम से निकाला गया। और रमेश से मेरी सगाई तय हो चुकी है, मैं कोई बच्ची नहीं हूँ आपको ध्यान रखना चाहिए। मुझे ये जानने का पूरा हक है। रमेश क्या तुम उसे प्यार करते थे।

रमेश : *(हिचकिचाते हुए)* यह कहना तो मुश्किल है। मैंने उसके बारे में उस तरह से नहीं सोचा जैसा वो मेरे बारे में सोचती थी।

शीला : *(तीखे व्यंग्य से)* हाँ-हाँ क्यों नहीं। तुम सपनों के राजकुमार हो। तुम तो खुश हो रहे होंगे।

रमेश : ठीक है—कुछ समय ऐसा रहा। किसी आदमी के साथ भी ऐसा हो सकता था।

शीला : शायद तुमने आज की रात पहली बार अच्छी बात की है। कम से कम इसमें सच्चाई तो है। क्या तुम उसे हर रात मिलने जाते थे?

रमेश : नहीं। वैसे मैं तुमसे भी झूठ नहीं बोलता था— कि मैं बिजी हूँ। मैं सचमुच में बहुत बिजी था। हाँ पर ये मैं मानता हूँ कि मैं उसे आमतौर पर मिलता रहता था।

मिसेज खन्ना : मुझे लगता है इन सब बातों में जाने की अब कोई जरूरत नहीं है—

शीला : *(बात काटते हुए)* मुझे जरूरत है। और अभी सभी बातों का पता भी नहीं चला है।

रमेश : और पता लगेगा भी नहीं। *(मिसेज खन्ना से)* आप जानती हैं कि ये बेकार की बातें नहीं हैं।

मिसेज खन्ना : मेरे लिए तो बेकार ही हैं।

शीला : हाँ, पर इससे आपको मतलब भी क्या है?

रमेश : क्या आप और कुछ जानना चाहते हैं?

इंस्पेक्टर : हाँ, इस अफेयर का अन्त कब हुआ?

रमेश : मैं तो आपको बिल्कुल सही-सही बता सकता हूँ। वो सितम्बर का फर्स्ट वीक था। कुछ हफ्तों के लिए मुझे बाहर जाना पड़ गया था। और तब तक सीमा समझ चुकी थी कि सब कुछ खत्म ही समझो। इसलिए जाने से पहले मैंने उस संबंध को पूरी तरह से तोड़ दिया।

इंस्पेक्टर : उस पर इसका क्या असर हुआ।

रमेश : मेरी आशा से उल्ट, अच्छा था। वो इससे बहुत खुश थी।

शीला : *(व्यंग्य)* हाँ तुम्हारे लिए तो अच्छा ही था।

रमेश : नहीं ऐसा कुछ नहीं था। *(थोड़ी देर बाद थोड़े परेशान स्वर)* में उसने मुझे बताया कि वो पहले से बहुत खुश थी। उसे मालूम ही था कि ये सब ज्यादा देर नहीं चल सकता। उसने मुझ पर कोई इल्जाम नहीं लगाया। काश वो मुझ पर इल्जाम लगाती। तो मुझे ज्यादा

खुशी होती।

इंस्पेक्टर : क्या उसे वो घर छोड़ना पड़ा?

रमेश : हाँ, हमने उस बारे में बात कर ली थी उसने गर्मियों में कुछ पैसे बचाये थे। जितना पैसा मैं उसे देता था वो उसे बहुत कायदे से खर्च करती थी। और वो मुझसे और पैसा लेना भी नहीं चाहती थी। वैसे मैं उससे अलग होते वक्त अच्छी रकम भेंट के रूप में देना चाहता था। वैसे वो रकम बहुत ज्यादा भी नहीं थी। ज्यादा से ज्यादा एक साल निकल जाता।

इंस्पेक्टर : उसने तुम्हें कुछ बताया कि वो बाद में क्या करना चाहती थी?

रमेश : नहीं, वो इस बारे में कोई बात नहीं करना चाहती थी। एक दो बार बातों-बातों में मुझे ऐसा लगा कि वो ये शहर ही छोड़ देना चाहती है। पता नहीं उसने छोड़ा या नहीं। क्या छोड़ दिया था?

इंस्पेक्टर : हाँ, वो करीब दो-तीन महीनों के लिए किसी हिल स्टेशन पर चली गई थी।

रमेश : अकेली ही?

इंस्पेक्टर : हाँ, मेरे ख्याल से वो अकेली रहकर उन सभी बातों के बारे में सोचना चाहती थी जो तुम दोनों के बीच रहीं।

रमेश : ये आपको कैसे मालूम?

इंस्पेक्टर : उसने एक डायरी सी बना रखी थी जिसमें उसने जिक्र किया था कि वो अकेली और चुपचाप रहकर सदा के लिए अपनी यादें ताजा करना चाहती थी। उसे लगता था कि इससे अच्छे दिन उसकी जिंदगी में फिर नहीं आ सकते थे। इसलिए वो उन दिनों की याद को अपने पास हमेशा के लिए बचाकर रखना चाहती थी।

रमेश : *(गम्भीर स्वर में)* हूँ। मैं तो उसे बाद में मिल नहीं पाया और मैं आपको सिर्फ इतना ही बता सकता हूँ।

इंस्पेक्टर : बस, मैं आपसे इतना ही जानना चाहता था।

रमेश : इन सब बातों ने मुझे बहुत अप-सेट कर दिया है और अब मैं कुछ देर अकेला रहना चाहता हूँ। मुझे बहुत खुशी होगी अगर आप मुझे जाने दें तो।

इंस्पेक्टर : कहाँ जायेंगे? घर?

रमेश : नहीं, अगर आपको एतराज न हो तो मैं कुछ देर बाहर जाकर घूमना चाहता हूँ, मैं वापस आ जाऊँगा।

इंस्पेक्टर : ठीक है मि. कपूर।

शीला : रमेश, हो सकता है मि. तुम भूल जाओ या वापस ना आओ, इसलिए मेरे ख्याल से तुम ये अभी ले जाओ। *(वो उसे अँगूठी दे देती है।)*

रमेश : ये तो होना ही था।

शीला : रमेश अब मुझे तुमसे कोई शिकायत नहीं है। पता नहीं क्यों मेरे दिल से तुम्हारे लिए इज्जत सी उभर रही है। मुझे किसी तरह से पता चल गया था कि पिछले साल तुम मुझसे झूठ बोल कर बचते रहे। मुझे लग रहा था कि कुछ गड़बड़ है। कम से कम तुम सच तो बोले। जिस तरह से तुमने उस लड़की की मदद की, मुझे उस पर विश्वास है तुम्हें उस पर दया आ गई थी। और जब तुम पहली बार मिले, वो मेरी ही वजह से निराश थी। लेकिन फिर भी कहीं कुछ बदल गया है। मैं और तुम अब वो नहीं रहे जो इस पार्टी से पहले थे। हमें शायद एक नये सिरे से शुरुआत करनी होगी। एक दूसरे के बारे में फिर से जानना होगा—

मि. खन्ना : शीला, मैं उसका पक्ष नहीं ले रहा। पर तुम्हें समझना चाहिए कि इस तरह बहुत से...

शीला : पापा, आप इण्टरफेयर मत कीजिए, प्लीज रमेश जानता है कि मैं क्या कर रही हूँ, शायद आप नहीं जानते।

रमेश : हाँ, मुझे तुम्हारा मतलब समझ आ गया है। पर मैं वापस आ रहा हूँ— आ सकता हूँ।

शीला : हाँ।

मिसेज खन्ना : कुछ समझ नहीं आ रहा। मेरे ख्याल से ये बकवास खत्म हो चुकी है। आगे इस बारे में बात करने की कोई जरूरत नहीं है।

रमेश : मुझे नहीं लगता। माफ कीजिए। *(वो बाहर चला जाता है सब उसे चुपचाप जाते हुए देखते हैं। बाहर का दरवाजा बंद करने की आवाज आती है)*

शीला : *(इंस्पेक्टर से)* आपने उसे उसकी फोटो नहीं दिखाई।

इंस्पेक्टर : जरूरी नहीं थी। और अच्छा ही हुआ।

मिसेज खन्ना : क्या आपके पास उस लड़की की फोटो है?

इंस्पेक्टर : हाँ देख लो तो अच्छा है।

मिसेज खन्ना : क्यों मुझे क्यों देखना चाहिए?

इंस्पेक्टर : पता नहीं लेकिन देख लें तो अच्छा ही है।

मिसेज खन्ना : ठीक है। *(वो उसे फोटो देता है वो फोटो को थोड़ी देर देखती है)*

इंस्पेक्टर : *(फोटो वापस लेते हुए)* आपने पहचाना उसे?

मिसेज खन्ना : नहीं, मैं कैसे पहचानूँ।

इंस्पेक्टर : हो सकता है हाल ही में उसमें थोड़ा फर्क आ गया हो पर मेरे ख्याल से बहुत ज्यादा बदलाव नहीं आया होगा।

मिसेज खन्ना : इंस्पेक्टर मैं आपका मतलब नहीं समझी।

इंस्पेक्टर : मुझे लगता है आप समझना भी नहीं चाहतीं।

मिसेज खन्ना : *(गुस्से से)* मेरे कहने का यही मतलब है।

इंस्पेक्टर : आप मुझे सच नहीं बता रही हैं।

मिसेज खन्ना : माफ कीजिएगा; मैं समझी नहीं।

मि. खन्ना : *(गुस्से से इंस्पेक्टर से)* देखिए, मैं और बर्दाश्त नहीं कर सकता, आपको अभी माफी माँगनी होगी।

इंस्पेक्टर : माफी? पर किसलिए? क्या अपनी ड्यूटी के लिए?

मि. खन्ना : नहीं अपने व्यवहार के लिए। मैं एक इज्जतदार आदमी हूँ।

इंस्पेक्टर : *(रौब से)* मि. खन्ना इज्जतदार आदमी की कुछ जिम्मेदारियाँ भी तो होती हैं।

मि. खन्ना : हो सकता है, लेकिन मेरे ख्याल से आप मुझे मेरी जिम्मेदारियाँ बताने नहीं आये।

शीला : ऐसा था तो नहीं पर लगता है इस बारे में सोचना पड़ेगा।

मिसेज खन्ना : इसका क्या मतलब हुआ शीला।

शीला : इसका मतलब ये है कि हमें झूठ बोलने या दिखावे की कोई जरूरत नहीं है। पापा ने उसे इसलिए निकाल दिया क्योंकि वो मजदूरी बढ़ाने की बात कर रही थी। मैंने उसे नौकरी से निकलवाकर और परेशान कर दिया सिर्फ इसलिए कि मुझे उसकी सुन्दरता पर गुस्सा आ गया था। रमेश ने उसे रखैल बना लिया और जब चाहा उसे छोड़ दिया। और अब आप ये दिखाने की कोशिश कर रही हैं कि आप उसे पहचानती नहीं हैं। कह नहीं सकतीं कि आप उसे सचमुच पहचानती हैं या नहीं लेकिन जिस तरह से आपने उसकी फोटो की तरफ देखा लगा जैसे आप उसे पहचानती हैं। और जब आप ही सच नहीं बोल रहीं तो इंस्पेक्टर क्यूँ आपसे माफी माँगे। आप दोनों को नहीं लगता कि आप इसे और उलझा रहे हैं? *(मुड़ जाती हैं और बाहर का दरवाजा बंद होने की आवाज आती हैं।)*

मि. खन्ना : दरवाजे पर आवाज कैसी है?

मिसेज खन्ना : रमेश वापस आया होगा।

इंस्पेक्टर : शायद आपका लड़का बाहर गया है।

मि. खन्ना : मैं देखता हूँ।

(वो तेजी से बाहर की तरफ जाता है। इंस्पेक्टर मिसेज खन्ना की तरफ मुड़ते हैं।)

इंस्पेक्टर : मिसेज खन्ना, आप तो महिला समाज संघ की बहुत महत्त्वपूर्ण सदस्या भी हैं, नहीं?

(मिसेज खन्ना कोई जवाब नहीं देतीं।)

शीला : जवाब दो ममा। वैसे जवाब तो मिल ही गया है।

(इंस्पेक्टर से) जी हाँ, वो हैं। लेकिन क्यों?

इंस्पेक्टर : *(शांत भाव से)* ये एक ऐसा महिला संघ है जिसमें कोई भी पीड़ित औरत किसी भी तरह की सहायता के लिए अपील कर सकती है। क्या ऐसा नहीं है।

मिसेज खन्ना : *(पूरे सम्मान के साथ)* जी। हमने जरूरतमंदों के लिए बहुत कुछ किया है।

इंस्पेक्टर : दो हफ्ते पहले ही आपकी इण्टरव्यू कमेटी की मीटिंग थी?

मिसेज खन्ना : जी हाँ शायद थी तो।

इंस्पेक्टर : मिसेज खन्ना आप अच्छी तरह जानती हैं आप उस मीटिंग में चेयरमैन थीं।

मिसेज खन्ना : अगर मैं थी भी तो आपको इससे मतलब क्या है?

इंस्पेक्टर : क्या आप साफ-साफ सुनना चाहती हैं?

(मि. खन्ना का गुस्से में प्रवेश)

मि. खन्ना : वो जरूर अशोक ही होगा।

मिसेज खन्ना : *(चितिंत स्वर में)* क्या आप उसके कमरे से होकर आ रहे हैं?

मि. खन्ना : हाँ, और मैंने उसको आवाज भी दी थी। तो हमने अशोक को ही बाहर जाते सुना था।

मिसेज खन्ना : बेवकूफ लड़का। वो जा कहाँ सकता है?

मि. खन्ना : पता नहीं! पर वो कुछ अजीब उत्तेजित मूड में था, और बेशक हमें उसकी यहाँ पर जरूरत नहीं है...

इंस्पेक्टर : *(तेजी से काटते हुए)* हमें उसकी जरूरत है और अगर वो जल्दी ही वापस न आया तो मुझे खुद जाकर उसे ढूँढ़ना पड़ेगा।

(मि. खन्ना और मिसेज खन्ना एक दूसरे को डरकर और हैरानी से देखते हैं।)

शीला : वो यूँ ही बाहर घूमने गया होगा। जल्दी ही आ जाएगा।

इंस्पेक्टर : *(गुस्से से)* मुझे भी यही आशा है।

मिसेज खन्ना : आपको यह आशा क्यूँ है?

इंस्पेक्टर : मैं आपकी बात का जवाब तब दूँगा जब आप मेरे सवाल का जवाब देंगी, मिसेज खन्ना।

मि. खन्ना : क्या आप बता सकते हैं कि मेरी पत्नी आपके सवाल का जवाब क्यों देगी?

इंस्पेक्टर : जी हाँ, जरूर। आपको याद होगा मि. कपूर ने हमें बताया था और शायद सच भी था कि वो मंजरी से पिछले साल सितम्बर के बाद नहीं मिले। पर मिसेज खन्ना ने मंजरी से दो हफ्ते पहले ही मुलाकात की और बातें भी की हैं।

शीला : *(हैरानी से)* ममा।

मि. खन्ना : क्या ये सच है?

मिसेज खन्ना : *(कुछ देर के बाद)* हाँ सच है।

इंस्पेक्टर : क्या उसने आपके महिला संघ से मदद की अपील की थी?

मिसेज खन्ना : हाँ।

इंस्पेक्टर : मंजरी के नाम से?

मिसेज खन्ना : नहीं और न ही सीमा के नाम से।

इंस्पेक्टर : फिर किस नाम से?

मिसेज खन्ना : उसने अपना नाम मिसेज खन्ना बताया–

मि. खन्ना : *(हैरानी से)* मिसेज खन्ना।

मिसेज खन्ना : हाँ, और मुझे लगा कि ये जानबूझ कर बदतमीजी की जा रही है–और यह एक कारण था जिसने मुझे उसके केस से 'प्रेज्यूडिस' कर दिया।

मि. खन्ना : जरा देखो तो। हद है बदतमीजी की।

इंस्पेक्टर : तो आप यह स्वीकार करती हैं कि आप उसके केस से 'प्रेज्यूडिस' थीं?

मिसेज खन्ना : हाँ।

शीला : ममा ये मत भूलो कि वो बहुत बुरी मौत मरी है।

मिसेज खन्ना : मुझे इसका अफसोस है पर मेरे ख्याल से इसके लिए वो खुद कुसूरवार है।

इंस्पेक्टर : क्या आपके महत्त्वपूर्ण सदस्या होने के नाते उस लड़की को कोई मदद नहीं दी गई?

मिसेज खन्ना : शायद।

इंस्पेक्टर : यह आपकी वजह से हुआ या नहीं?

मिसेज खन्ना : *(चोट खाये स्वर में)* हाँ, मेरी वजह से ही हुआ। मुझे उसका व्यवहार

पसंद नहीं आया। उसने जानबूझ कर मेरा इस्तेमाल किया हालाँकि बाद में उसने ये दिखाने की कोशिश की कि उसको सबसे पहले यही नाम सूझा था। उसको यह मानना पड़ा जब मैंने उससे पूछताछ की, कि उसका इस नाम से कोई वास्ता नहीं था, वो शादीशुदा नहीं थी, और जो कहानी उसने पहले बताई थी—कि उसके पति ने उसे छोड़ दिया हैं—बिल्कुल झूठी थी। मुझे उससे सच उगलवाने में ज्यादा देर नहीं लगी।

इंस्पेक्टर : उसने मदद किस तरह की मदद चाही थी?

मिसेज खन्ना : आप अच्छी तरह जानते हैं कि उसे किस तरह की मदद चाहिए थी।

इंस्पेक्टर : नहीं मैं नहीं जानता। मैं इतना ही जानता हूँ कि वो क्यों मदद चाहती थी। जैसे कि मैं वहाँ नहीं था, मुझे नहीं मालूम की वो किस तरह की मदद चाहती थी आपके संघ से।

मिसेज खन्ना : मेरे ख्याल से इस पर बहस की कोई जरूरत नहीं।

इंस्पेक्टर : मिसेज खन्ना आप किसी भी तरह से बहस से बच नहीं सकतीं।

मिसेज खन्ना : अगर आप ये सोच रहे हैं कि आप मुझ पर कोई दबाव डाल सकते हैं तो आप गलती कर रहे हैं। बाकी तीनों की तरह मैंने ऐसा कुछ नहीं किया जिससे मुझे शर्म महसूस हो या जिसमें किसी तरह की छानबीन की जरूरत हो। लड़की सहायता चाहती थी। जो महिलाएँ हमसे सहायता माँगती हैं उनके केस को हमें ध्यान से देखना पड़ता है। मैं इस लड़की की माँग से सन्तुष्ट नहीं थी। मेरे ख्याल से वो एक जेनुइन केस नहीं था। इसलिए मैंने मना कर दिया। उसके बाद उसके साथ जो कुछ भी हुआ, उससे मुझे कोई मतलब नहीं। मैंने तो अपनी ड्यूटी पूरी की और अगर अब मैं उस पर बहस नहीं करना चाहती तो आपको कोई हक नहीं है कि आप मुझ पर दबाव डालें।

इंस्पेक्टर : मुझे पूरा हक है।

मिसेज खन्ना : नहीं, बिल्कुल नहीं। सीधी सी बात है मैंने कुछ गलत नहीं किया और आप भी जानते ही हैं।

इंस्पेक्टर : *(जानबूझकर)* मुझे लगता है कि आपने बहुत बड़ी गलती की है और जिसके लिए आप पूरी जिंदगी अफसोस करती रहेंगी। काश उसकी लाश देखते समय आज आप मेरे साथ होतीं। तब आपको लगता...

शीला : *(एकदम से फटते हुए)* नहीं, अब फिर से शुरू मत कीजिए, प्लीज। मैं पहले ही बहुत सोच चुकी हूँ इस पर।

इंस्पेक्टर : *(जानबूझकर)* अब आप ये जान कर फिर से सोचिए कि वो लड़की प्रेगनेण्ट थी।

शीला : *(घबराकर)* नहीं, ये नहीं हो सकता। भयानक। उसने आत्महत्या का सोच भी कैसे लिया?

इंस्पेक्टर : क्योंकि उसने एकदम से बहुत सारे उतार-चढ़ाव देख लिए, यही उसका अन्त था।

इंस्पेक्टर : क्योंकि...

शीला : मम्मी आपको तो पता ही होगा।

इंस्पेक्टर : चूंकि वो माँ बनने वाली थी इसलिए वो आपकी मम्मी की संस्था के पास मदद लेने गई थी।

मि. खन्ना : देखिए इंस्पेक्टर इसमें रमेश का कोई हाथ नहीं....

इंस्पेक्टर : *(बात काटते हुए)* नहीं, इस बात से रमेश का कोई लेना देना नहीं है।

शीला : शुक्र है भगवान का। लेकिन मैं क्यों परवाह करूँ।

इंस्पेक्टर : *(मिसेज खन्ना से)* और आप के पास मुझे बताने के लिए कुछ भी नहीं है ना?

मिसेज खन्ना : मैं पहले ही सब कुछ बता चुकी हूँ और अब भी यही कहूँगी कि जाइए और बच्चे के बाप को तलाश कीजिए यह उसी की जिम्मेदारी है।

इंस्पेक्टर : ये कहने से आपकी जिम्मेदारी कम नहीं हो जाती। वो लड़की उस समय पर आप से मदद माँगने आई जिस समय कोई भी औरत अपने आप को मजबूर और असहाय महसूस कर सकती है। और आपने उसकी खूब मदद की। आपने न सिर्फ खुद मदद देने से इनकार किया बल्कि औरों को भी उसकी मदद नहीं करने दी। वो अकेली, बिल्कुल बेरोजगार बिना पैसे के, मजबूर थी। उसे सिर्फ पैसा ही नहीं, बल्कि सलाह, सहानुभूति, और अपनेपन की जरूरत थी। मिसेज खन्ना आप खुद भी एक माँ हैं, कम से कम आप तो समझ सकती थीं कि उस वक्त उस पर क्या गुज़र रही होगी। और आपने ऐसी हालत में उससे मुँह मोड़ लिया।

शीला : *(भावुक होते हुए)* मम्मी ये तो उस पर सचमुच अन्याय हुआ है। आप कैसे इतनी ज्यादती कर सकीं उस पर?

मि. खन्ना : *(सशंकित)* सुनो, ये सब अगर इन्क्वायरी में दर्ज हो जाता है तो हम सब मुश्किल में पड़ जाएँगे। तुम्हें तो पता ही है कि प्रेस के लोग कैसे बात का बतंगड़ बना सकते हैं।

मिसेज खन्ना : *(परेशान होकर)* प्लीज़ आप दोनों चुप हो जाओ। मुझ पर इल्जाम लगाने से पहले ये सोच लेना कि मैंने उसे नौकरी से नहीं निकाला जिसकी वजह से ये सारे हालात बने *(इंस्पेक्टर की तरफ)* इस सब को देखते हुए मुझे नहीं लगता कि मैंने कोई गलती की है। उस लड़की ने शुरू से लेकर आखिर तक झूठ ही बोला। बाद में जब मुझे सच का पता चला कि वो लड़की जानती थी, पक्के तौर पर जानती थी कि उस बच्चे का बाप कौन है, तो मैंने उसे कहा कि इस बात के लिए वो व्यक्ति ही जिम्मेदार है।

मि. खन्ना : अगर वो उससे शादी के लिए मना करता है जबकि मेरे ख्याल से शादी के लिए उसे मजबूर किया जा सकता है तो कम से कम उसे इसका खर्चा तो देना ही चाहिए।

इंस्पेक्टर : तो उसने क्या जवाब दिया?

मिसेज खन्ना : फालतू की बातें करती रही।

इंस्पेक्टर : किस तरह की?

मिसेज खन्ना : कुछ भी था लेकिन मुझसे और बर्दाश्त नहीं हो पा रहा था। पता नहीं अपने आप को क्या समझ रही थी। अपनी औकात भूल कर बढ़-चढ़ कर बातें कर रही थी।

इंस्पेक्टर : *(गुस्से से)* अब उसकी ये हालत है कि वो एक तख्ते पर बुरी हालत में मरी पड़ी है। *(जैसे ही मि. खन्ना बोलने की कोशिश करते हैं, इंस्पेक्टर उनकी तरफ मुड़ जाते हैं।)* मुझ पर बड़बड़ाने की जरूरत नहीं है। आप लोगों को मैं बहुत बर्दाश्त कर चुका हूँ। क्या कहा उसने?

मिसेज खन्ना : *(डरे हुए स्वर में)* उसने कहा कि बच्चे का बाप खुद भी छोटा है, बेवकूफ शराबी। उसके साथ शादी का तो कोई सवाल ही नहीं है। ये दोनों के लिए बुरा होगा। उसने उसे पैसा दिया था, पर उसने और पैसा लेने से इनकार कर दिया।

इंस्पेक्टर : क्यों?

मिसेज खन्ना : यूँ ही, बेवकूफ जो थी। मुझे तो उस पर बिल्कुल विश्वास नहीं है।

इंस्पेक्टर : मैं आपसे यह नहीं पूछ रहा कि आपको उस पर विश्वास था या नहीं। मैं सिर्फ इतना जानना चाहता हूँ कि उसने कहा क्या था उसने

लड़के से और पैसा लेने से इनकार क्यों कर दिया?

मिसेज खन्ना : उसके अजीब ही ख्यालात थे। ऐसे बन रही थी मानो उसके जैसी लड़कियाँ कभी किसी से पैसा लेती ही न हों।

इंस्पेक्टर : *(गुस्से से)* मैं आपको बता दूँ आप अपने लिए मुसीबत पैदा कर रही हैं। मुझे ये बताइये कि उसका पैसा न लेने के पीछे कारण क्या था?

मिसेज खन्ना : उसका कहना था कि एक दिन लड़के ने शराब के नशे में उसे यह बताया था कि यह उसका पैसा नहीं है।

इंस्पेक्टर : फिर उसके पास कहाँ से आया?

मिसेज खन्ना : उसने चोरी किया था।

इंस्पेक्टर : तो वो आपके पास इसलिए आई कि वो चोरी का पैसा लेना नहीं चाहती थी।

मिसेज खन्ना : जब मैंने उसकी बात मानने से इनकार कर दिया तो उसने मुझे सही बताया कि वो एक शादी शुदा औरत है जिसे उसके पति ने छोड़ दिया। मुझे नहीं लगा कि उसकी किसी बात में सच्चाई हो सकती है। इसलिए आप गलत सोच रहे हैं कि मुझे अपनी करनी पर अफसोस होगा।

इंस्पेक्टर : पर अगर उसकी कहानी सच्ची थी कि उस लड़के के पास चोरी का पैसा था और इसलिए वो आपके पास मदद के लिए आई क्योंकि वो उस लड़के को और मुसीबत में नहीं डालना चाहती थी। क्या ऐसा नहीं है?

मिसेज खन्ना : हो सकता है। पर मुझे तो बकवास ही लगा। तो मैंने अपने संघ को उसकी मदद कर देने से इनकार करके अच्छा ही किया।

इंस्पेक्टर : अभी भी आपको अपने किये पर जरा भी अफसोस नहीं है, ये जानते हुए कि उस लड़की के साथ क्या हुआ?

मिसेज खन्ना : मुझे अफसोस है कि अंत इस तरह से हुआ। पर मैं उसके लिए खुद को दोषी नहीं मान सकती।

मिसेज खन्ना : फिर किसका दोष है?

इंस्पेक्टर : पहले तो लड़की का खुद का ही।

शीला : *(कड़वाहट से)* मेरे और पापा की वजह से उसकी नौकरी चली गई, इसलिए।

मिसेज खन्ना : फिर उस लड़के का कसूर है जो कि उस बच्चे का बाप है। अगर, जैसा कि उसने कहा कि वो उसके स्तर का नहीं था और कोई

ऐसे ही शराबी कबाबी था, तब तो उसे बिल्कुल नहीं छोड़ना चाहिए। उसे तो सबक मिलना ही चाहिए। मगर लड़की मरी तो उसकी वजह से।

इंस्पेक्टर : अगर उसकी कहानी सच्ची है कि उसके पास चोरी का पैसा था...

मिसेज खन्ना : ऐसा मानने की कोई तुक नहीं है।

इंस्पेक्टर : मान लो ऐसा है तो?

मिसेज खन्ना : तब तो सारी जिम्मेदारी उसी की है। अगर ऐसा नहीं है तो वो लड़की हमारे पास मदद के लिए क्यों आती और हम मदद के लिए क्यों मना करते, अगर उसकी वजह से नहीं है तो...

इंस्पेक्टर : तो वही सबसे बड़ा दोषी है?

मिसेज खन्ना : बिल्कुल। और उसके साथ बहुत सख़्ती से पेश आया जाना चाहिए।

शीला : *(एकदम से घबराकर)* ममा, बस करो।

मि. खन्ना : शान्त रहो, शीला।

शीला : क्या आप देख नहीं रहे।

मिसेज खन्ना : *(गुस्से से)* तुम बिल्कुल पागलों की तरह बात कर रही हो *(शीला रोने लग जाती है मिसेज खन्ना इंस्पेक्टर की तरफ मुड़ते हुए)* यहाँ बेकार के सवाल जवाब करने से बेहतर है कि आप उस लड़के को ढूँढ़िए और अपना कसूर मनवाइये, असल में आपकी ड्यूटी यही है।

इंस्पेक्टर : *(गम्भीर स्वर में)* मिसेज खन्ना आप चिन्ता मत कीजिए, मैं अपनी ड्यूटी पूरी तरह से निभाऊँगा। *(वो अपनी घड़ी की तरफ देखता है)*

मिसेज खन्ना : *(जीत के स्वर में)* मुझे बहुत खुशी हुई है यह सुनकर।

इंस्पेक्टर : कोई दबाव नहीं, हूँ? उसको सबक सिखाना ही होगा, एक? सबके सामने मनवाना है?

मिसेज खन्ना : बिल्कुल, मेरे ख्याल से यही आपकी ड्यूटी है। अब मुझे लगता है कि आप 'गुड नाइट' कीजिए और जाइए।

इंस्पेक्टर : अभी नहीं, मैं रुकूँगा।

मिसेज खन्ना : किसलिए?

इंस्पेक्टर : अपनी ड्यूटी पूरी करने के लिए।

शीला : *(दुखी स्वर में)* ममा, देख नहीं रही हैं?

मिसेज खन्ना : *(समझते हुए)* मेरा मतलब...क्या बकवास है? *(एकदम से रुककर अपने पति को डरी हुई नजरों से देखती हैं)*

मिसेज खन्ना : *(बुरी तरह से डरकर)* देखिए इंस्पेक्टर क्या आप यह कहना तो नहीं चाहते कि मेरा लड़का इसमें 'इन्वाल्वड' है?

इंस्पेक्टर : *(गुस्से, सख़्ती से)* अगर वो है तो हम जानते हैं कि क्या करना है, नहीं? मिसेज खन्ना ने अभी बताया तो है।

मि. खन्ना : *(सन्न रह गये)* माई गॉड—लेकिन—देखिए—

मिसेज खन्ना : *(खीज भरे स्वर में)* मैं बिल्कुल विश्वास नहीं करूँगी... मैं विश्वास कर ही नहीं सकती।

शीला : ममी, प्लीज मैं हाथ जोड़ रही हूँ, बन्द करो ये सब—*(इंस्पेक्टर एक हाथ उधर उठाता है। बाहर का दरवाजा बंद करने की आवाज। सब दरवाजे की तरफ देखते हैं, अशोक आता है, पीला एवं मुरझाया हुआ चेहरा लिये। वो उनकी खीजती हुई निगाहों को देखता है।)*

(पर्दा गिरता है।)

तीन अंक

(स्थितियाँ पिछले अंक के समान। अशोक कमरे के बीच में खड़ा है, बाकी लोग उसको घूर रहे हैं।)

संजू : तो आप लोग जानते हैं, नहीं जानते?

इंस्पेक्टर : *(पहले की तरह से)* हाँ, हम जानते हैं।
(अशोक दरवाजा बन्द करके आगे आता है।)

मिसेज खन्ना : *(दुखी स्वर में)* अशोक, मुझे विश्वास नहीं होता, जरूर कहीं न कहीं कुछ गड़बड़ है। तुम नहीं मानते हम लोग क्या बात कर रहे थे।

शीला : अच्छा ही है ये नहीं जानता, है ना?

अशोक : क्यों?

शीला : क्योंकि माँ अभी तक उस लड़के पर ही ब्लेम लगा रही थी जिसने उस लड़की को मुसीबत में डाल दिया और ये भी कह रही थी कि उस लड़के को छोड़ना नहीं चाहिए, उसे सबक मिलना ही चाहिए।

मि. खन्ना : बहुत हो गया। शीला।

अशोक : *(कड़वाहट से)* ममी तुमने कुछ बहुत अच्छा नहीं किया मेरे लिए, क्यों?

मिसेज खन्ना : लेकिन मुझे नहीं मालूम था कि वो तुम्हीं हो मैं तो सपने में भी नहीं सोच सकती थी, तुम उस तरह के हो ही नहीं, तुम तो इतना पीते भी नहीं हो।

शीला : वो पीता है। मैंने आपको बताया तो था।

अशोक : तूने बताया था,

शीला : अशोक, ये तुम ठीक नहीं कर रहे हो। मैं उन्हें पहले भी बता सकती थी। लेकिन मैंने नहीं बताया। मैंने उन्हें आज राज इसलिए बताया क्योंकि हर बात खुल ही रही थी। खैर, आज तो पता लगना ही था। तो मैंने सोचा उन्हें पहले ही पता लग जाए। ये मत भूलो कि मैं भी ये सब भुगत चुकी हूँ।

मिसेज खन्ना : शीला, तुम्हें हो क्या रहा है, मुझे बिल्कुल समझ नहीं आ रहा।

मि. खन्ना : मुझे भी नहीं समझ आ रहा। अगर तुम्हारे दिल में घरवालों के लिए थोड़ा भी लिहाज है तो...

इंस्पेक्टर : *(बीच में ही काटते हुए)* जरा एक मिनट, मिसेज खन्ना, ज़ब मैं चला जाऊँगा तो आपको घरेलू झगड़े निपटाने के लिए बहुत टाइम मिल जाएगा। पर अब मैं आपके बेटे की बात सुनना चाहूँगा। *(सख्ती से, तीनों को)* और मैं आप लोगों का आभार मानूँगा अगर आप लोग बीच में टाँग न अड़ाएँ। *(अशोक की तरफ मुड़ कर)* तो अब।

अशोक : *(बहुत मुश्किल से)* क्या मैं पहले एक गिलास ले लूँ।

मि. खन्ना : *(एकदम काटते हुए)* नहीं।

इंस्पेक्टर : *(मजबूती से)* हाँ। *(जैसे ही मि. खन्ना गुस्से से कुछ बोलना चाहते हैं)* मैं जानता हूँ कि वो आपका बेटा है और ये घर भी आपका है। पर जरा उसकी तरफ देखिए। इन सब बातों के लिए उसे पीने की सख्त जरूरत है।

मि. खन्ना : *(अशोक से)* ठीक है ले लो।

(अशोक शराब लेने के लिये बढ़ता है। उसके बोतल उठाने और पीने के तरीके से पता चलता है कि वो बहुत अधिक पीने वाला आदमी है। बाकी लोग उसे घूरते रहते हैं।)

(कड़वाहट से) जिन बातों का मुझे पता नहीं था उनका अब पता चल रहा है।

इंस्पेक्टर : अब ये मत शुरू करो। मैं अपनी बात शुरू करना चाहता हूँ। *(अशोक से)* तुम इस लड़की को सबसे पहले कब मिले थे?

अशोक : पिछले नवम्बर की एक रात को।

इंस्पेक्टर : तुम उससे कहाँ मिले थे?

अशोक : कनाट प्लेस *(पैलेस बार)* में कुछ मस्ती के मूड में था।

इंस्पेक्टर : फिर क्या हुआ?

अशोक : मैंने उससे बात करनी शुरू कर दी और उसे पीने के लिए ऑफर किया। जाने के समय तक मुझे बहुत चढ़ चुकी थी।

इंस्पेक्टर : क्या उसने भी पी?

अशोक : उसने मुझे बाद में बताया कि उसे भी चढ़ गई थी क्योंकि उसने उस दिन कुछ खाया नहीं था।

इंस्पेक्टर : वो वहाँ क्यों गई थी?

अशोक : वो उस तरह की लड़की नहीं थी, पर ठीक है। मेरे ख्याल से उसे कुछ समझ नहीं आ रहा था कि वो क्या करे। किसी औरत ने उसे वहाँ भेजा था। मुझे भी कुछ समझ नहीं आया था।

इंस्पेक्टर : क्या वो रात तुमने उसके साथ बिताई?

अशोक : हाँ, शायद मैंने ही उससे कहा था। पर मुझे पक्का नहीं पता। बाद में मुझे उसने कहा कि वो मुझे अपने कमरे में घुसने नहीं देना चाहती थी और मैं ऐसी हालत में था जिसमें किसी का भी दिमाग खराब हो सकता है। और मैं जबरदस्ती धमकियाँ देकर कमरे में घुस गया।

इंस्पेक्टर : उसने तुम्हें अंदर आने दिया?

अशोक : और तभी सब कुछ हो गया लेकिन चक्कर ये है कि मुझे कुछ भी याद नहीं रहा। ओफ क्या कर बैठा।

मिसेज खन्ना : *(एक चीख के साथ)* ओह अशोक ये तुमने क्या किया?

मिस्टर खन्ना : *(तेजी से)* शीला अपनी ममा को दूसरे कमरे में ले जाओ।

शीला : *(विरोध करते हुए)* पर मैं मो...

मि. खन्ना : *(तेजी से)* तुमने सुना नहीं मैंने क्या कहा *(धीरे से)* जाओ लीला। *(मि. खन्ना दरवाजा खोलते हैं और शीला अपनी माँ को लेकर बाहर चली जाती है)* मि. खन्ना दरवाजा बन्द करके आते हैं।

इंस्पेक्टर : तुम उसे दुबारा कब मिले?

अशोक : करीब पन्द्रह दिन बाद।

इंस्पेक्टर : उससे मिलने के लिए तय किया था पहले?

अशोक : नहीं। मुझे उसका नाम याद था और न ही वो जगह जहाँ वो रहती थी। सब कुछ गड़बड़ हो गया था। वो मुझे अचानक फिर कनाट प्लेस में मिल गई।

इंस्पेक्टर : फिर शराब पी?

अशोक : हाँ। पर उस रोज मैं उतनी बुरी हालत में नहीं था।

इंस्पेक्टर : तुम उसे फिर घर ले गए?

अशोक : हाँ। इस बार हमने कुछ बातचीत की। उसने मुझे अपने बारे में बताया। मैंने भी उसे अपने बारे में बताया कि मेरा नाम क्या है और क्या करता हूँ।

इंस्पेक्टर : और तुमने फिर से वो सब कुछ किया?

अशोक : हाँ। पर मैं उसे प्यार नहीं करता था। वैसे अच्छी थी काफी सुन्दर और समझदार।

मि. खन्ना : *(गुस्से से)* तो तुम उसके साथ सोये।

अशोक : हूँ। मेरी शादी की उम्र हो चुकी है लेकिन शादी नहीं हुई है। और मुझे उन सब गन्दी औरतों से नफरत है जिनके साथ आपके इज्जतदार लोग घूमते हैं।

मि. खन्ना : *(गुस्से से)* अच्छा, बकवास मत करो.....

इंस्पेक्टर : *(तेजी से)* और मैं नहीं चाहता कि आप दोनों इस तरह की बातें शुरू कर दें। ये सब बाद में निपटाइयेगा। *(अशोक से)* उसके बाद तुमने अगली बार मिलने का तय किया?

अशोक : हाँ, पता नहीं अगली बार या उसके बाद उसने मुझे बताया कि शायद वो माँ बनने वाली है। उसे भी पक्का नहीं पता था जो बाद में पता चला।

इंस्पेक्टर : वो परेशान तो हुई होगी?

अशोक : हाँ मैं भी तो बहुत ही परेशान हो गया था।

इंस्पेक्टर : क्या उसने शादी को कहा?

अशोक : नहीं। वो नहीं चाहती थी कि मैं उससे शादी करूँ। उसे पता था कि मैं उससे प्यार नहीं करता। एक तरह से वो मुझे बच्चे की तरह से ट्रीट करती थी जबकि मैं भी उसके बराबर का ही था।

इंस्पेक्टर : तो उसके बाद तुमने क्या सोचा?

अशोक : हूँ। उसके पास कोई नौकरी नहीं थी। और वो नौकरी करना चाहती भी नहीं थी। उसके पास पैसे भी नहीं थे तो मैंने ही उससे कहा कि वो मुझसे पैसे ले लिया करे। और ये सब तब तक चलता रहा जब तक उसने मना नहीं कर दिया।

इंस्पेक्टर : तब तक तुम उसे कितना पैसा दे चुके थे?

अशोक : यही हजार-पन्द्रह सौ।

मि. खन्ना : हजार-डेढ़ हजार? पीना और घूमना अलग से? इतना पैसा तुम्हें मिला

कहाँ से?

(अशोक कोई जवाब नहीं देता।)

इंस्पेक्टर : यही मैं भी पूछना चाहता हूँ।

अशोक : *(बड़ी मुश्किल के साथ)* मैंने ऑफिस से ले लिया था।

मि. खन्ना : मेरे ऑफिस से।

अशोक : हाँ।

इंस्पेक्टर : तुम्हारा मतलब है तुमने पैसा चुराया था?

अशोक : नहीं ऐसा तो नहीं था।

मि. खन्ना : *(गुस्से से)* इससे तुम्हारा क्या मतलब है? *(अशोक जवाब नहीं देता क्योंकि मिसेज खन्ना और शीला वापस आ जाते हैं।)*

शीला : इसमें मेरा कोई कसूर नहीं है।

मिसेज खन्ना : *(मि. खन्ना से)* सॉरी। मैं रह नहीं सकी। मुझे पता चलना ही चाहिए कि यहाँ हो क्या रहा है?

मिस्टर खन्ना : मैं बताऊँ क्या हो रहा है। इसने मान लिया है कि लड़की की इस हालत के लिए यह ही जिम्मेदार है, और अब कह रहा है ऑफिस से पैसे चुराकर भी उस लड़की को देता रहा।

मिसेज खन्ना : अशोक तुमने पैसे चुराये?

अशोक : नहीं। मैं वापस कर देता।

मि. खन्ना : हाँ सब सुन लिया है। कैसे करते वापस?

अशोक : कहीं से भी लाता। मुझे कुछ पैसों की जरूरत भी थी।

मि. खन्ना : मेरी समझ में नहीं आता बिना पूछे ऑफिस से पैसा लेने की तुम्हारी हिम्मत भी कैसे हुई।

अशोक : ऑफिस की तरफ से कुछ लोगों से पैसा वापस लेना था। मैं उनसे ले आया था।

मि. खन्ना : फैक्टरी की रसीद देकर पैसा खुद रख लिया?

अशोक : हाँ।

मि. खन्ना : तुम मुझे अब पैसे का हिसाब बनाकर दे देना। मुझे ये जल्दी से जल्दी निपटाना होगा। गधे जब तुम ऐसी हालत में थे तो मुझे क्यों नहीं बताया?

अशोक : क्योंकि आप ऐसे बाप नहीं जिनका बेटा मुसीबत पड़ने पर उनके पास जा सके।

मि. खन्ना : *(गुस्से से)* बकवास मत करो मुसीबत ये है कि बरबाद हो चुके हो तुम—

इंस्पेक्टर : *(टोकते हुए)* और मेरी मुसीबत ये है कि मेरे पास फालतू वक्त नहीं है। जब मैं चला जाऊँ तो इस सबको निपटा लेना। *(अशोक से)* बस आखिरी सवाल। क्या उस लड़की को पता लग गया था कि ये पैसा चोरी का है?

अशोक : *(दीनता से)* हाँ, यही तो चक्कर था, तभी तो उसने और पैसा लेने से इनकार कर दिया और तो और मुझे मिलने से भी इनकार कर दिया। *(एकदम से घबराई हुई आवाज में)* लेकिन आपको कैसे मालूम पड़ा? क्या उसने बताया था।

इंस्पेक्टर : नहीं, उसने मुझे कुछ नहीं बताया। मेरी उससे कभी बात ही नहीं हुई।

शीला : उसने ममा को बताया था।

मिसेज खन्ना : *(हैरानी से)* शीला।

शीला : वो जानना चाहते हैं।

अशोक : *(मिसेज खन्ना से)* उसने आपको बताया? वो यहाँ आई थी? लेकिन ऐसा कैसे हो सकता है? उसे तो मालूम भी नहीं था कि मैं यहाँ पर रहता हूँ? यह हुआ कैसे?

(मिसेज खन्ना दुखी होकर सिर हिलाती हैं, पर कोई जवाब नहीं देतीं)

छोड़ो भी। ऐसे क्या देख रही हो। मुझे बताओ क्या हुआ?

इंस्पेक्टर : *(निर्देशात्मक स्वर में)* मैं बताता हूँ। वो तुम्हारी माँ के महिला संघ में मदद माँगने के लिए गई थी। जब उसका तुम्हारे साथ नाता खत्म हो गया था, तुम्हारी माँ ने मदद करने से इनकार कर दिया।

अशोक : *(टूटते स्वर में)* तो आपने मारा उसे वो मुझे बचाने के लिए आपके पास आई थी और उसे आपने भगा दिया। हाँ, आपने ही मारा है उसे...और उस बच्चे को भी...जिसे वो जन्म देने वाली थी...मेरा बच्चा...आपका अपना पोता...आपने उन दोनों को मार दिया। शर्म आनी चाहिए आपको।

मिसेज खन्ना : *(बहुत दुखी स्वर में)* नहीं...अशोक...प्लीज...मुझे तो पता भी नहीं था।...मैं तो समझ ही नहीं पा रही थी।

अशोक : *(उसको धमकाते हुए)* तुम्हें कभी कुछ समझ भी आया है? कभी नहीं आया। तुमने कभी कोशिश भी नहीं की... तुम...

शीला : *(डरी हुई सी)* नहीं अशोक नहीं...

मि. खन्ना : *(गुस्से से बात काटते हुए)* बेवकूफ तुम्हें हो क्या गया है? ठीक

हो जाओ नहीं तो मैं...

इंस्पेक्टर : *(स्थिति को नियंत्रण में लेते हुए)* रुको।

(सब चुपचाप उसे देखते हैं) थोड़ी देर चुपचाप मेरी बात सुनो। मुझे और कुछ नहीं जानना है और आप लोगों को भी नहीं। इस लड़की ने आत्महत्या की है और बहुत बुरी मौत मरी है। लेकिन आप सब ने उसे इस हालत तक पहुँचाया। याद रखना, भूलना नहीं *(वो एक एक को ध्यान से देखता है)* लेकिन तुम भूल भी नहीं पाओगे। मिसेज खन्ना, याद रखना आपने उसके साथ क्या किया। आपने उसे उस वक्त इनकार किया जब उसे मदद की सख्त जरूरत थी। आपने उसे फिर भी इनकार कर दिया जबकि आप उसे संघ की तरफ से मदद दिलवा सकती थीं। याद रखना इसे।

अशोक : *(दुखी स्वर में)* मैं तो उसे भूल ही नहीं सकता।

इंस्पेक्टर : सिर्फ शराब पीकर मस्ती मनाने के लिए उसको बरबाद कर दिया। जैसे कि वो जानवर हो, कोई चीज इंसान नहीं। तुम नहीं भूल सकोगे। *(वो शीला की तरफ देखता है)*

शीला : *(कड़वाहट से)* मुझे पता है। मैंने उसे नौकरी से निकलवाया, मैंने ही शुरुआत की।

इंस्पेक्टर : नहीं, तुमने शुरुआत नहीं की।

(थोड़े कठोर स्वर में मि. खन्ना से) शुरुआत आपने की। वो हर हफ्ते के लिए तीस माँग रही थी। और इसके लिए बाईस की जगह आपकी वजह से उसे बहुत भारी कीमत चुकानी पड़ी। अब उसकी वजह से उससे भी बड़ी कीमत आपको चुकानी पड़ेगी।

मि. खन्ना : *(दुखी स्वर में)* देखो इंस्पेक्टर, मैं हजारों खर्च कर सकता हूँ, हजारों...

इंस्पेक्टर : मि. खन्ना, आप गलत टाइम पर ये ऑफर कर रहे हैं *(बात खत्म करने के लिए जैसे अपनी जगह से हिलते हैं, अपनी बयान की कॉपी बंद करते हैं, आदि उन सबके ऊपर एक नजर डालते हैं।)* नहीं मुझे नहीं लगता कि आप सब लोग भूल सकेंगे और नहीं मि. कपूर। कम से कम उन्हें उससे सहानुभूति तो थी और उन्होंने उसकी कुछ मदद भी की थी। ठीक है, मंजरी तो चली गई। अब आप लोग उसका और कुछ नहीं बिगाड़ सकते हैं और न ही कोई मदद कर सकते हैं। और तो और आप उससे माफी भी नहीं माँग सकते।

शीला : *(जो कि धीरे से सुबकियाँ ले रही है)* यही तो सबसे बड़ी मुसीबत है।

इंस्पेक्टर : याद रखना, एक मंजरी चली गई है लेकिन हजारों, लाखों मंजरियाँ अभी हमारे साथ बाकी हैं। जो जिन्दा हैं। अपने डर, तकलीफों आशाओं के साथ जो हमारी जिन्दगियों के साथ जुड़ी हुई हैं कि हम क्या सोचते हैं और क्या करते हैं, हम अकेले नहीं जीते। हम सब एक दूसरे के साथ जुड़े हुए हैं, एक दूसरे के प्रति हमारी जिम्मेदारियाँ हैं। अगर हम जल्दी ही ये नहीं सीखते तो वो दिन दूर नहीं जब हमें खून और नफरत की आग में जल कर सीखना होगा। गुड नाइट। *(वो बाहर निकल जाते हैं औरों को स्तब्ध छोड़कर। शीला अभी भी सुबक रही है। मिसेज खन्ना एक कुर्सी में गिरी पड़ी हैं। अशोक बहुत दुखी सा कुछ सोच रहा है। मि. खन्ना ही सिर्फ एक्टिव हैं जो दरवाजे की आवाज सुनकर उसकी ओर बढ़ते हैं। थोड़ा हिचकिचाते हुए। पहले रुकते हैं। तीनों पर बुझी सी नज़र डालते हैं, फिर अपने लिए एक पेग बनाते हैं, और जल्दी से पी जाते हैं।)*

मि. खन्ना : *(अशोक से गुस्से में)* मैं तुम्हें ही इस सबके लिए दोषी मानता हूँ।

अशोक : हाँ मैं हूँ।

मि. खन्ना : *(गुस्से में)* तुम्हें भी अभी तक अपनी करनी पर पछतावा नहीं हो रहा है। ये तो सब के सामने आएगा ही। सारी दुनिया के सामने तमाशा बनेगा।

अशोक : अब मुझे कोई परवाह नहीं।

मि. खन्ना : तुम्हें तो किसी भी बात की परवाह नहीं है। लेकिन मुझे तो है। पूरी उम्मीद थी कि अगली बार मुझे एम.पी. की टिकट मिल जाएगी। *(अशोक पागलों की तरह से उनकी तरफ इशारा करते हुए हँसता है।)*

अशोक : *(हँसते हुए)* अब इससे कोई फर्क नहीं पड़ता आपको टिकट मिले या नहीं।

मि. खन्ना : *(गुस्से में)* हाँ, तुम्हें क्या फर्क पड़ेगा। तुम्हें तो किसी भी बात का फर्क नहीं पड़ता। लेकिन मुझे पड़ता है तुम्हें इस बात से जरूर फर्क पड़ेगा कि जब तक तुम उस चुराई हुई रकम की पाई पाई नहीं वापस कर दोगे, तुम्हें तुम्हारे काम का एक पैसा तक नहीं मिलेगा। और अब ये तुम्हारा पीना और औरतों के साथ घूमना बंद।

मि. खन्ना : *(होश में आते हुए)* बिल्कुल बंद। अशोक मुझे तुम पर शर्म आ रही है।

अशोक : हाँ, मैं तुम्हें कोई दोष नहीं दूँगा। लेकिन भूलो मत कि मुझे भी तुम पर शर्म आ रही है। हाँ, तुम दोनों पर।

मि. खन्ना : *(गुस्से से)* हमने जो कुछ किया उसके पीछे कारण थे। वो तो अचानक हो गया, बस...

शीला : *(तिलमिलाते हुए)* बस।

मि. खन्ना : तुम्हें क्या कहना है अब?

शीला : मुझे समझ नहीं आ रहा कैसे शुरू करूँ।

संजू : तो मत शुरू करो, जरूरत भी नहीं है किसी को।

शीला : मैं शर्मिन्दा हूँ। लेकिन अब आप लोग ऐसे दिखा रहे हैं जैसे कुछ भी नहीं हुआ है।

मि. खन्ना : क्या? मैंने कहा नहीं था कि लोगों के सामने तमाशा खड़ा हो जाएगा, और तब सबसे ज्यादा तो मुझे ही भुगतना पड़ेगा।

शीला : मैं उसके बारे में भी बात नहीं कर रही हूँ। मुझे इस बारे में परवाह नहीं है। पर दुख इस बात का है कि इस बात का आप पर कोई असर नहीं हुआ।

मि. खन्ना : मुझ पर भी नहीं? ये तुम्हारी गलतफहमी है। आज रात मैंने बहुत कुछ सीखा है। और मेरे ख्याल से तुम्हें ये जानने की कोई जरूरत नहीं है कि क्या सीखा है। जब मैं इस बात को सोचता हूँ कि किस तरह से हम पाँच लोग खाने की टेबल पर बैठे थे...

अशोक : *(बात काटते हुए)* हाँ, और आपको याद है आपने खाने के बाद मुझे और रमेश को क्या कहा था, जब आप बहुत खुश थे? आपने कहा था कि आदमी को अपना रास्ता खुद बनाना पड़ता है अपने काम और अपना ध्यान खुद रखना पड़ता है और उन पागलों की तरफ ध्यान देने की कोई जरूरत नहीं है जो ये कहते हैं कि हमें एक दूसरे की केयर करनी चाहिए चूंकि हम एक दूसरे के साथ जुड़े हुए हैं, याद है आपको। हाँ, और तभी उन पागलों में से एक यहाँ चला आया... इंस्पेक्टर। *(कड़वाहट के साथ हाँफता है।)* मैंने उसके सामने तो आपको यह कहते नहीं सुना कि हर आदमी को अपने लिए जीना चाहिए।

शीला : *(एकदम से)* जब पापा ने यह बात कही थी उसके बाद ही इंस्पेक्टर आया था ना?

अशोक : हाँ, तो क्या हुआ?

मि. खन्ना : शीला, तो अब क्या हो गया?

शीला : *(धीरे से)* कमाल है... कितनी हैरानी की बात है। *(वो उनकी तरफ एक नज़र डालती है, सोचते हुए)*

मिसेज खन्ना : *(उत्तेजित होते हुए)* मैं जानती हूँ तुम क्या कहना चाहती हो क्योंकि मैं खुद भी इसी बात पर हैरान हूँ।

शीला : अब इस बात से कुछ फर्क नहीं पड़ता। लेकिन क्या वो इंस्पेक्टर असली ही था?

मि. खन्ना : अगर वो न हो तो अच्छा ही है। इससे बहुत फर्क पड़ेगा।

शीला : नहीं उससे कोई फर्क नहीं पड़ता और आपको भी नहीं पड़ना चाहिए।

मिसेज खन्ना : शीला, बेवकूफ मत बनो।

शीला : *(गुस्से से)* ये बेवकूफी नहीं है। अगर आप जानना ही चाहते हैं तो बेवकूफी आप दोनों कर रहे हैं। आप लोगों में सच सहने की हिम्मत ही नहीं है।

मि. खन्ना : मैं फालतू बातें सुनना नहीं चाहता। दफा हो जाओ इस कमरे से।

अशोक : इससे उसको बहुत तकलीफ होगी, नहीं?

शीला : मैं तो वैसे भी जाने वाली थी लेकिन आप लोगों को नहीं लगता कि जो कुछ हुआ है अगर वो सच है तो इससे कोई फर्क नहीं पड़ता कि किसके कारण ये सच सामने आया है। और ये सच है, नहीं तो क्या? आपने उस लड़की को एक नौकरी से निकलवाया, तो दूसरी से मैंने निकलवा दिया। रमेश उसे उस समय मिलता रहा जब मुझे ये दिख रहा था कि वो बहुत बिजी है। और अशोक, हम जानते ही हैं उसने क्या किया है। ममी ने तो उसे ऐसा धक्का पहुँचाया जिससे वो खत्म ही हो गई। ये ज्यादा इम्पोंटेण्ट है ना कि इंस्पेक्टर असली था या नहीं।

अशोक : वो हमारे लिए तो पुलिस इंस्पेक्टर ही था।

शीला : वही तो मैं कह रही हूँ अशोक। इस समय ये बात तुम्हारे लिए अच्छी हो सकती है पर मेरे लिए नहीं है...मेरे दिमाग में एक बात आई है जो काफी देर से मेरे दिमाग में है...वो कुछ अजीब तरह से बिहेव कर रहा था। वो एक आम पुलिस इंस्पेक्टर नहीं लग रहा था।

मि. खन्ना : *(उत्तेजित होते हुए)* बिल्कुल ठीक, मुझे भी यही लगा था *(मिसेज खन्ना से)* तुम्हें नहीं ऐसा लगा।

मिसेज खन्ना : हाँ इतना जरूर कहूँगी कि उसका व्यवहार कुछ अलग सा था बहुत ही रूखा सा और अक्खड़।

मि. खन्ना : देखा, मुझसे किस तरह से बात कर रहा था। उसने मुझे 'शट-अप' तक कह डाला और न जाने क्या क्या। उसे इतना तो पता होना ही चाहिए था कि मैं इतना बड़ा आदमी हूँ। और उसकी बात करने का तरीका देखा था। मेरा मतलब है कि कोई भी पुलिस इंस्पेक्टर इस तरह से बात नहीं करता। बहुत से देखे हैं मैंने ऐसे।

शीला : पर इस बात से सचमुच कोई फर्क नहीं पड़ता।

मिसेज खन्ना : बिल्कुल पड़ता है।

अशोक : नहीं, शीला बिल्कुल ठीक कह रही है, इससे बिल्कुल कोई फर्क नहीं पड़ता।

मि. खन्ना : *(गुस्से से)* ये तुम कह रहे हो? कमाल है। तुम्हें तो सबसे ज्यादा फर्क पड़ना चाहिए। तुमने माना कि तुमने चोरी की है। और वो उसके बारे में जानता भी है। वो ये सब प्रूव करके कोर्ट तक घसीट सकता है। वो बाकी हम तीनों का कुछ नहीं बिगाड़ सकता। ज्यादा से ज्यादा वो हमें लोगों के सामने शर्मिन्दा कर देगा। लेकिन तुम्हें तो वो बरबाद कर सकता है।

शीला : *(धीरे से)* हमने उसे कुछ ऐसा तो बताया ही नहीं जो उसे पता न हो। आपने नहीं देखा उसे सब कुछ पहले से ही पता था।

मि. खन्ना : अरे कुछ नहीं, उसे थोड़ी से इन्फॉरमेशन थी, जो उसे लड़की ने बताया होगा और उसी से कुछ अंदाजा लगा लिया होगा। पर एक बात है अगर हम ज्यादा नहीं बोले होते तो वो शायद इतनी देर टिक न पाता। *(गुस्से में उनकी तरफ देखता है)* लेकिन सचमुच मुझे ये सोच कर बहुत गुस्सा आ रहा है कि तुम्हें उसके सामने सबकुछ बक देने की जरूरत क्या थी?

शीला : अब क्या हो सकता है। उसी ने तो हमें कन्फेस करने के लिए मजबूर किया था।

मिसेज खन्ना : ऐसी बात नहीं है, उसने मुझे तो नहीं मजबूर किया। मैंने तो उसे साफ-साफ बता दिया था कि मैंने तो अपनी ड्यूटी पूरी की है।

शीला : ओह, ममी।

मि. खन्ना : तुमने खुद ही अपने आपको बेवकूफ बनने दिया। और क्या?

मिसेज खन्ना : *(विरोध करते हुए)* देखो अब बस करो।

मि. खन्ना : मैं तुम्हें नहीं इन दोनों को कह रहा हूँ। हम दोनों को तो वो पसंद

ही नहीं करता था। वो तो आते ही हमसे कुछ चिढ़ सा गया था। ...ब्लडी सोशलिस्ट। उसका विरोध करने की जगह अपने घर की पोल खोलने लगे।

अशोक : *(तुनकते हुए)* मैंने तो आपको भी उसका विरोध करते नहीं देखा।

मि. खन्ना : क्योंकि तब तक तुमने मान लिया था कि तुमने चोरी की थी। उसके बाद मैं क्या बोलता। मैं ही बेवकूफ था जो पहले उससे अकेले में बात नहीं की।

अशोक : उससे कोई फायदा होने वाला नहीं था।

शीला : और क्या। बिल्कुल ठीक।

मिसेज खन्ना : जिस तरह से तुम बात कर रहे थे उससे तो ऐसा लग रहा था जैसे तुम उसका साथ दे रहे हो। अब जरा शान्ति रखो थोड़ी देर ताकि ये सोच सकें कि अब करना क्या है।

मि. खन्ना : *(सन्देह के साथ)* हाँ, कुछ तो करना ही होगा और जल्दी ही। *(वो कुछ हिचकिचाते हैं तभी बाहर से बेल बजती है, सभी चौंकते हैं और एक दूसरे को डर कर देखते हैं।)*

मिसेज खन्ना : नहीं, बसन्ती देख लेगी। मैंने उसे चाय बनाने के लिए रोक रखा था।

शीला : शायद रमेश आया हो।

मि. खन्ना : *(चैन की साँस लेते हुए)* हाँ तो मैं भूल ही गया था। *(बसन्ती का प्रवेश)*

बसन्ती : मि. कपूर आये हैं।

(रमेश आता है और बसन्ती चली जाती है।)

रमेश : आपको मेरा वापस आना बुरा तो नहीं लगा?

मिसेज खन्ना : अरे नहीं, नहीं रमेश।

रमेश : मैं किसी खास कारण से वापस आया हूँ। वो इंस्पेक्टर कब गया।

शीला : अभी कुछ देर पहले। उसने तो हम सबको फँसा ही दिया था।

मिसेज खन्ना : अच्छा है रमेश को भी पता चल जाए।

मि. खन्ना : *(जल्दी से)* अब उसे इन बातों से परेशान मत करो।

शीला : ठीक है। *(रमेश से)* पर हम सब बुरी तरह से फँस चुके थे। तुम्हारे जाने के बाद तो बहुत ही बुरा हुआ।

रमेश : उसका व्यवहार कैसा था?

शीला : एकदम डरा रहा था।

मि. खन्ना : अगर मुझसे पूछो तो वो बहुत अजीब और रहस्यमयी तरह से बात

कर रहा था।

मिसेज खन्ना : जिस तरह से वो इनसे और मुझसे बदतमीजी से पेश आ रहा था, वो तो बहुत ही इन्सलटिंग था।

रमेश : हुक्म।

(वो सब खोजती हुई नज़रों से रमेश को देखते हैं)

मि. खन्ना : *(जोश से)* तुम्हें क्या लगता है?

रमेश : *(धीरे से)* वो आदमी पुलिस इंस्पेक्टर नहीं था।

मि. खन्ना : *(हैरान होकर)* क्या?

मिसेज खन्ना : क्या तुम्हें पक्का पता है?

रमेश : हाँ, काफी हद तक तो मुझे ऐसा ही लगता है। यही बताने के लिए तो मैं वापस आया हूँ।

मि. खन्ना : वैरी गुड, क्या तुमने उसके बारे में कुछ पता किया।

रमेश : हाँ, मैं एक और पुलिस इंस्पेक्टर को जानता हूँ। मैंने उससे इंस्पेक्टर कौशिक के बारे में पूछा था और उसका पूरा हुलिया भी बता दिया था। उसने बताया कि उस तरह का कोई भी इंस्पेक्टर पुलिस में नहीं है...

मि. खन्ना : तुमने उसे बताया तो नहीं.....

रमेश : *(काटते हुए)* नहीं, नहीं मैंने उसे यह कहकर टाल दिया था कि मेरा किसी से झगड़ा हो गया था, पर उसे पूरा विश्वास था कि इस तरह का कोई भी इंस्पेक्टर पुलिस में नहीं है।

मि. खन्ना : तो वो नकली था।

मिसेज खन्ना : *(जीत के स्वर में)* मैंने नहीं कहा था। कोई असली इंस्पेक्टर हम लोगों से इस तरह से बात कर ही नहीं सकता।

रमेश : आप ने बिल्कुल सही कहा। ऐसा कोई इंस्पेक्टर है ही नहीं।

मि. खन्ना : *(हिलते हुए)* मैं अभी पक्का कर लेता हूँ।

मिसेज खन्ना : तुम क्या करने जा रहे हो।

मि. खन्ना : डी आई जी सिन्हा को फोन करके देखता हूँ।

मिसेज खन्ना : ध्यान से बात करना।

मि. खन्ना : *(टेलीफोन पर)* हाँ, हाँ *(फोन पर ही)* 3.8.2.4.1.6. *(दूसरों को, इंतजार करते हुए)* मैं पता लगा कर ही छोड़ूँगा मुझे शुरू से ही शक था। *(फोन पर)* गुप्ता जी बोल रहे हैं, मैं समय बोल रहा हूँ... गुप्ता जी मैं समय बोल रहा हूँ, सॉरी मैंने इतनी रात को तुम्हें डिस्टर्ब किया। एक बात बताइये क्या किसी इंस्पेक्टर बागची ने

नया ज्वाइन किया है? कौशल, कौशल, कोई नया आदमी है लंबा क्लीन शेव है हाँ ठीक है, पक्का हो गया.... नहीं नहीं ऐसे कुछ बहस चल रही थी गुड नाइट *(वो फोन रखकर सबकी तरफ देखते हैं)* इंस्पेक्टर कौशल नाम का कोई आदमी नहीं है पुलिस में, वो आदमी सचमुच में कोई इंस्पेक्टर नहीं था। जैसा रमेश ने कहा था।

मिसेज खन्ना : मुझे तो सारा टाइम ही यही लग रहा था। वो पुलिस इंस्पेक्टर की तरह बात ही नहीं कर रहा था और वो पुलिस इंस्पेक्टर लग भी नहीं रहा था।

मि. खन्ना : फर्क पड़ता है, असल में इसी बात से सारा फर्क पड़ता है।

रमेश : बिल्कुल।

शीला : *(कड़वाहट से)* मुझे लगता है अब हम सब अच्छे लोग हैं।

मि. खन्ना : शीला अगर इससे बेहतर तुम्हारे पास कहने के लिए नहीं है तो चुप रहो।

अशोक : वो बिल्कुल ठीक कह रही है बेशक...

मि. खन्ना : *(गुस्से से)* तुम चुप ही रहो तो अच्छा होगा अगर वो सचमुच में पुलिस इंस्पेक्टर होता और तुम्हें कन्फेस करते देखता...

मिसेज खन्ना : ज़रा ध्यान से...

मि. खन्ना : *(जल्दी से)* हाँ... हाँ।

शीला : देखो रमेश तुम्हें हमारी बाकी बेवकूफियाँ जानने की जरूरत नहीं है।

रमेश : चलो ठीक है। मैं चाहता भी नहीं हूँ। *(मि. खन्ना से)* अब आप इस बारे में क्या सोच रहे हैं? क्या कोरी धमकी ही थी?

मि. खन्ना : और क्या? किसी ने उसे हमें तंग करने के लिए यहाँ भेज दिया होगा, इस शहर में बहुत से दुश्मन हैं हमारे। हमें शुरू से ही ख्याल रखना चाहिए था। और किसी तरह से होता तो मैं सावधान रहता भी। पर इस तरह से आकर, हमारी पार्टी का सत्यानाश कर देना—कितना खुश हो रहे थे सब लोग। हम लोग तो इसके लिए तैयार ही नहीं थे।

मिसेज खन्ना : कितना अच्छा होता अगर मैं पहले से ही वहाँ होती उसके पूछने से पहले मैं उससे कुछ सवाल करती।

शीला : अब ये सब कहने से क्या होगा।

मिसेज खन्ना : तुम सबमें से सिर्फ मैं ही ऐसी थी जिसने हार नहीं मानी और अब मुझे लगता है कि हमें आपस में बैठ कर सोचना चाहिए कि अब

इसके लिए क्या हो सकता है।

मि. खन्ना : *(हाँ में हाँ मिलाते हुए)* तुम बिल्कुल ठीक कह रही हो, सच बात तो सामने आ चुकी है कि वो आदमी फ्रॉड था और हम किसी साजिश के शिकार हुए हैं। और हो सकता है ये यहीं खत्म न हो।

रमेश : मुझे पक्का विश्वास है कि यह फ्रॉड था।

मि. खन्ना : *(बहुत ध्यान से)* अच्छा? गुड *(अशोक से जो बैचैन हो रहा है)* बैठ जाओ अशोक।

अशोक : *(तुनकते हुए)* नहीं, मैं ठीक हूँ।

मि. खन्ना : ठीक हो, तुम बिल्कुल ठीक नहीं हो। वहाँ इस तरह से खड़े होने की जरूरत नहीं है जैसे.....

अशोक : जैसे?

मि. खन्ना : जैसे तुम्हें हमसे कुछ लेना-देना ही नहीं होता। अपनी हालत पर ध्यान दो इस मामले में अगर कोई सबसे ज्यादा फँसा हुआ है तो वो तुम हो। इसलिए तुम्हें ध्यान देना ही चाहिए।

अशोक : मैं ध्यान देता रहा हूँ और बहुत ज्यादा ही दे रहा हूँ यही तो मुसीबत है।

शीला : मेरे साथ भी यही परेशानी है।

मि. खन्ना : अब तुम दोनों ध्यान से सुनो। अगर तुम्हें अभी भी कोई तकलीफ है तो इतना तो कर ही सकते हो कि थोड़ा शान्त रहो। ये सब हम पर छोड़ दो। मैं मानता हूँ कि उस आदमी की बदतमीजी से हमें थोड़ी परेशानी तो हुई है लेकिन अब तो हम उसके बारे में जान भी चुके हैं। अब हमें बस इतना ही करना चाहिए कि अपने आपको थोड़ा ठीक रखें। अब हमारी बारी है।

शीला : क्या करने की बारी है?

मिसेज खन्ना : *(एकदम से)* जरा ठीक तरह से सोचने की। ऐसे नहीं जैसे तुम कर रही हो।

अशोक : *(एकदम से फटते हुए)* किसी तरह से भी सोच लो अब कोई फायदा नहीं। तुम लोग अब ये दिखाना चाहते हो कि कुछ नहीं हुआ है लेकिन मैं नहीं मानता। वो लड़की तो अब मर ही चुकी है। अब कोई उसे बचा तो सकता नहीं।

शीला : *(जल्दी से)* यही तो मुझे लगता है अशोक और ये लोग समझ ही नहीं रहे।

अशोक : चाहे वो आदमी कोई भी था लेकिन सच तो कह दी है। मैंने जो

किया, वो भी, माँ ने जो किया, वो भी बाकी सब ने जो किया, वो भी। बात तो वही रहेगी चाहे वो पुलिस इंस्पेक्टर को बताई गई हो चाहे किसी और को तुम्हारे हिसाब से मुझे खुश होना चाहिए... *(रमेश से)* मैंने कुछ पैसा चुराया था तुम भी ये जान लो रमेश *(मि. खन्ना बीच में टोकना चाहते हैं)* कोई फर्क नहीं पड़ता उसे जान लेने दो। पैसा इतना इंपोर्टेण्ट नहीं है।

इंपोर्टेण्ट ये है कि उस लड़की के साथ क्या हुआ और हमने उसके साथ क्या किया। अभी भी मैं यही सोच रहा हूँ इसलिए मैं आप लोगों की तरह आराम से बैठ कर गप्पें नहीं लड़ा पा रहा हूँ।

शीला : अशोक, बिल्कुल ठीक कह रहा है और आज रात यही एक अच्छी बात हुई है जिससे तुम लोगों पर थोड़ी कम शर्मिन्दगी महसूस कर रही हूँ। आप लोग फिर से बनावटी बातें कर रहे हैं।

मि. खन्ना : अब बस भी करो।

मिसेज खन्ना : *(विरोध करते हुए)* रुकिये तो।

मि. खन्ना : बेकार में बकवास किये जा रहे हैं। इन्हें यह तो समझ आती नहीं कि जब लोगों के बीच तमाशा खड़ा हो जाएगा तो हमारी पोजिशन का क्या होगा।

अशोक : *(चीखते हुए)* मैं तो यही कहूँगा कि वो लड़की हम लोगों के कारण मरी है। असली बात तो यही है।

मि. खन्ना : *(चीखते हुए, अशोक को धमकाते हैं)* बकवास बंद कर दो या यहाँ से दफा हो जाओ।

(उसकी तरफ घूरते हुए, धीरे से) अगर कोई और बाप होता तो अब तक तुम्हें धक्के मार कर बाहर निकाल देता। अपनी जबान पर लगाम दो अगर यहाँ रहना चाहते हो तो।

अशोक : *(धीरे से कड़वाहट के साथ)* मुझे कोई परवाह नहीं मैं यहाँ रहूँ या ना रहूँ।

मि. खन्ना : तब तक तुम्हें रहना ही पड़ेगा जब तक तुम उस चुराये हुए पैसे का हिसाब नहीं दे देते और वापस नहीं कर देते।

शीला : लेकिन उससे मंजरी तो वापस नहीं आ जाएगी?

अशोक : और इसे झुठलाया नहीं जा सकता है कि हम लोगों ने ही उसे इस हालत तक पहुँचाया है।

रमेश : लेकिन क्या ये सच है?

अशोक : और नहीं तो क्या तुम्हें अभी पूरी कहानी का पता ही नहीं है।

शीला : मुझे लगता है अब तुम ये प्रूव करना चाहोगे कि तुमने पिछली गर्मियाँ उस लड़की के साथ बिताई ही नहीं हैं ना?

रमेश : मैंने उस लड़की को रखा था और मैंने इसे भी माना है। इसका मुझे अफसोस है शीला।

शीला : ठीक है पर मैं इतना जरूर कहूँगी कि तुम हम सबसे अच्छी स्थिति में हो जैसा कि इंस्पेक्टर ने कहा था।

मि. खन्ना : *(गुस्से से)* वो इंस्पेक्टर नहीं था।

शीला : *(गुस्से से)* अच्छा, अच्छा। अब ज्यादा बनने की जरूरत नहीं है। हम लोगों ने उस लड़की को आत्महत्या करने के लिए मजबूर किया था।

रमेश : हमने? कौन कहता है? क्योंकि हमसे ज्यादा फ्रॉड तो इंस्पेक्टर ने किया है।

शीला : ये कैसे कह सकते हो?

रमेश : बिल्कुल कह सकता हूँ। देखो यहाँ एक आदमी झूठा इंस्पेक्टर बन के आया, ये एक तरह की साजिश है। अब वो करता क्या है? बड़ी चालाकी से छोटी-मोटी खबरों को इधर-उधर से इकट्ठा करके उसने हमें कन्फेस करने के लिए मजबूर कर दिया कि किसी न किसी तरह से उस लड़की की मौत के पीछे हम लोगों का हाथ है।

अशोक : और वो तो है ही।

रमेश : तुम्हें कैसे मालूम है कि वो वही लड़की है?

मि. खन्ना : *(जल्दी से)* एक मिनट रुको। देखते हैं इससे होता क्या है। अब–*(हिचकिचाते हुए)* नहीं, कुछ नहीं होगा।

अशोक : हम सब मान चुके हैं।

रमेश : ठीक है आप सब ने ये मान लिया है लेकिन ये तुम कैसे कह सकते हो कि ये वही लड़की थी। *(वो सबकी तरफ जीत के भाव से देखता है। सभी असमंजस में पड़ जाते हैं। वो मि. खन्ना की तरफ मुड़ता है थोड़ी देर बाद।)*

देखिए मि. खन्ना, तुमने मंजरी नाम की लड़की को नौकरी से निकाला। आप भूल चुके थे लेकिन जब उसने फोटो दिखाई तो आपको याद आ गया। ठीक है?

मि. खन्ना : हाँ, वो बात तो साफ हो चुकी है, लेकिन उससे क्या?

रमेश : हाँ तो उसके बाद वो ये जान गया कि शीला ने उसे उस दुकान

की नौकरी से निकलवा दिया। उसने हमें बताया कि ये वो ही लड़की है। और उसके फोटो दिखाते ही शीला ने उसे पहचान भी लिया।

शीला : हाँ, वही फोटो था।

रमेश : तुम्हें कैसे पता कि वो ही फोटो था। क्या तुमने वो फोटो देखा था जो तुम्हारे पापा ने देखा था।

शीला : नहीं, वो मैंने नहीं देखा था।

रमेश : और तुम्हारे पापा ने वो फोटो देखा जो तुमने देखा था।

शीला : नहीं। और मैं जानती हूँ कि तुम कहना क्या चाहते हो।

रमेश : हमारे पास कोई प्रूफ नहीं है कि वो एक ही फोटो था इसलिए इस बात का क्या प्रूफ है कि वो वही लड़की थी। अब मुझे ही लो। मैंने फोटो देखा ही नहीं, याद है उसने मुझे अचानक ही ये कहकर फँसा लिया कि उसने अपना नाम सीमा कर लिया था। और मैं पकड़ा गया क्योंकि मैं सीमा नाम की लड़की को जानता था।

मि. खन्ना : *(जल्दी से)* इस बात का कोई प्रूफ नहीं है कि ये सीमा मंजरी थी। हमने तो सिर्फ उसकी बातों पर ही विश्वास कर लिया और इस बात पर कि वो एक पुलिस इंस्पेक्टर है और अब हम जानते हैं कि वो झूठ बोल रहा था। हो सकता है वो शुरू से आखिर तक झूठ ही बोल रहा था।

रमेश : और क्या? अच्छा जब मैं चला गया था तो बाद में क्या हुआ?

मिसेज खन्ना : मैं अशोक के बाहर चले जाने के बाद कुछ परेशान हो गई थी। क्योंकि उस आदमी ने ये कहा कि अगर वो वापस नहीं आता तो मैं खुद जाकर उसे पकड़ लाऊँगा। उसी बात से मैं अभी तक घबराई हुई हूँ। वो इसे पूरे विश्वास के साथ कह रहा था और तब अचानक ही कहने लगा कि मैं करीब दो हफ्ते पहले ही मंजरी से मिली थी।

मि. खन्ना : यही शब्द थे उसके।

मिसेज खन्ना : और बेवकूफों की तरह मैं मान गई।

मि. खन्ना : पता नहीं तुम क्यों मान गईं जब वो तुम्हारे महिला संघ में आई थी तब उसने अपना नाम मंजरी तो बताया नहीं था?

मिसेज खन्ना : नहीं, नहीं बिल्कुल नहीं। लेकिन मैं इतनी परेशान हो गई थी कि जब अचानक उसने मेरी तरफ मुड़कर कुछ सवाल किये, तो मैंने वो ही जवाब दे डाले जो वो चाहता था।

शीला : लेकिन ममी ये मत भूलो कि उससे पहले उसने आपको फोटो दिखाया था जिसे आपने पहचाना भी था।

रमेश : किसी और ने भी देखा था क्या?

मिसेज खन्ना : नहीं, उसने सिर्फ मुझे ही दिखाया था।

रमेश : और देख नहीं रहे हो अभी इस बात का कोई प्रूफ नहीं है कि वो वही लड़की थी हो सकता है उसने किसी दूसरी लड़की का फोटो दिखाया हो जिसने आपके महिला संघ में अपील की थी। और हमें कैसे पता कि वो मंजरी थी सीमा ही थी।

मि. खन्ना : रमेश बिल्कुल ठीक कह रहा है। वो हर बार अलग फोटो भी तो दिखा सकता था और हम भी बेवकूफ बनते रहे। हो सकता है कि हम अलग-अलग लड़कियों को ही पहचानते रहे।

रमेश : बिल्कुल। अशोक क्या उसने तुम्हें भी फोटो दिखाया था?

अशोक : नहीं, जब मेरी बारी आई उसने फोटो दिखाने की जरूरत नहीं समझी। लेकिन हाँ ये वही लड़की होनी चाहिए जिसे मैं जानता हूँ जो ममी के पास गई थी।

रमेश : क्यों? ऐसे कैसे कह सकते हो?

अशोक : क्योंकि उसने ये कहा था कि मैं चुराया हुआ पैसा नहीं लूँगी और जिस लड़की को मैं जानता हूँ उसने भी यही कहा था।

रमेश : फिर ये सब बकवास भी हो सकता है।

अशोक : एक लड़की ने आत्महत्या कर ली तो मैं कैसे मान लूँ ये बकवास है। आप अपने आपको बचाने की चाहे जितनी कोशिश कर लें लेकिन मैं नहीं कर सकता। और न ही ममी, हमने उसके साथ वही किया।

मि. खन्ना : *(एकदम से)* थोड़ी देर रुको तो सही, अपने आपको दोषी ठहराने में इतनी जल्दी मत करो। तुम्हारी ममी के साथ हुआ इण्टरव्यू उतना ही झूठा सिद्ध हो सकता है जितना कि वो पुलिस इंस्पेक्टर। ये सब किसी की साजिश हो सकती है।

अशोक : *(गुस्से से)* ये कैसे हो सकता है? क्या लड़की मरी नहीं है?

रमेश : कौन-सी लड़की? इस हिसाब से तो चार-पाँच लड़कियाँ थीं।

अशोक : मुझे इस बात से कोई फर्क नहीं पड़ता जिसे मैं जानता था वो मर चुकी है।

मि. खन्ना : अच्छा लेकिन हमें कैसे मालूम कि वो मर चुकी है।

रमेश : बिल्कुल ठीक। आप बिल्कुल ठीक समझे। हम कैसे जान कर कह सकते हैं कि किसी लड़की ने आज आत्महत्या कर ली है।

मि. खन्ना : *(सबकी ओर जीत के भाव से देखते हुए)* अब जवाब दो। जैसा

रमेश ने कहा है उस तरह से सोच कर देखते हैं। हम बहुत खुशी से पार्टी मना रहे थे अब तो वो हमारे साथ एक चाल चलता है। उसने आते ही हमें ऐसी खबर सुनाई जिससे बाद में हम आसानी से फँसते चले गये। उसने शुरू ही ऐसे किया कि अभी-अभी एक लड़की की मौत हो गई है। उसने तेज जहर खा लिया था बहुत दर्दनाक मौत मरी है।

अशोक : अच्छा, अच्छा अब फिर से मत शुरू करो।

मि. खन्ना : *(जीत के भाव से)* देखा यही तो बात है। सिर्फ उस बात को दोहराने से ही तुम परेशान हो गये। और वही तो उसका मकसद था। हमें एकदम से परेशान कर दिया। और फिर तब तक सवाल करते रहना जब तक हमने अपने होशोहवास न खो दिये। मानना पड़ेगा कि उसने हमें अच्छा बेवकूफ बनाया।

अशोक : बस इतना पता लग जाए कि ये सब साजिश थी, बाद में वो चाहे कितना भी मजाक उड़ा लें।

मि. खन्ना : मैं तो बिल्कुल मानता हूँ—कोई इन्क्वायरी नहीं, किसी लड़की के साथ ऐसा नहीं हुआ, कोई स्कैण्डल नहीं।

शीला : और कोई आत्महत्या भी नहीं?

रमेश : *(निर्णय देते हुए)* इस बात को तो बड़ी आसानी से पता किया जा सकता है।

शीला : कैसे?

रमेश : हस्पताल में टेलीफोन करके। वहाँ कोई लड़की मरी है?

मि. खन्ना : *(परेशान होकर)* कुछ ठीक सा नहीं लगता। इतनी रात गये वहाँ फोन करना।

रमेश : नहीं कुछ नहीं होगा।

मिसेज खन्ना : *(जोर देते हुए)* और अगर नहीं हुई तो?

रमेश : देखते हैं।

(रमेश फोन के पास जाकर नंबर देखता है। बाकी सब परेशान से उसे देखते हैं। 2-3-2-5-2-7 हैलो, हास्पिटल मैं रमेश कपूर बोल रहा हूँ, कपूर लि. से... हाँ... मैं अपने यहाँ की एक एम्पलाय के बारे में पूछना चाहता हूँ... क्या आज दोपहर आपके यहाँ किसी ऐसी लड़की की लाश लाई गई है जिसने जहर खाकर आत्महत्या की हो या किसी और तरह से आत्महत्या कर ली हो? हाँ मैं इन्तजार करता हूँ। इन्तजार करता है, दूसरे लोग परेशान हो रहे हैं।

मि. खन्ना माथे पर से पसीना पोंछ रहे हैं। शीला काँप रही है, अशोक हाथों को खोल बन्द कर रहा है आदि। जी आपको पता है... आई सी... हाँ... ठीक है... थैंक्यू, थैंक्यू वैरी मच... गुड नाइट वो फोन रख कर सबकी तरफ देखता है) जहर की बात करते हैं, उनके पास तो महीनों से आत्महत्या का ही कोई केस नहीं आया।

मि. खन्ना : *(उछलते हुए)* देखा। प्रूव हो गया। सारी कहानी मनगढ़ंत थी। बेकार की कहानी। *(बहुत तसल्ली से)* क्या कोई इतना बेवकूफ बन सकता है.... लेकिन चलो *(मुस्कुराता है दूसरों की तरफ देखकर)* रमेश, थोड़ी शराब हो जाए।

रमेश : *(मुस्कुराते हुए)* थैंक्स, मैं तो एक पेग जरूर लूँगा।

मि. खन्ना : *(शराब की तरफ बढ़ते हुए)* मैं भी लूँगा।

मिसेज खन्ना : *(मुस्कुराते हुए)* मैं तो इतना जरूर कहूँगी कि रमेश ने कमाल कर दिया। थैंक्यू रमेश।

रमेश : *(पेग की तरफ जाते हुए)* नहीं नहीं जब मैं बाहर गया था तो मैंने सब बातों पर ठंडे दिमाग से गौर किया था।

मि. खन्ना : *(उसे पेग देते हुए)* उसने तुम्हें हाँ, उसने तुम्हें इतना परेशान भी नहीं किया जितना हमें किया था। हाँ, अब मैं मानता हूँ उसने मुझे सचमुच डरा दिया था। लेकिन मैं किसी खास कारण से तमाशा नहीं बनने देना चाहता था। *(अपना गिलास ऊपर उठाते हैं)* चीयर्स, अरे छोड़ो शीला, ऐसे मत देखो, अब सब ठीक हो गया है।

शीला : हाँ कितना खराब हुआ सब कुछ। लेकिन एक चीज आप भूल रहे हैं जो मैं नहीं भूली हूँ।

शीला : जो कुछ भी हमने अभी बताया वो हुआ है, वाकई हुआ है। ये हमारी खुशकिस्मती है कि इसका 'ट्रेजिक' अन्त नहीं हुआ। लेकिन ऐसा हो भी सकता था।

मि. खन्ना : *(खुशी के स्वर में)* चलो, अब तो सब ठीक हो गया है ना। सब कुछ तुम्हारे सामने ही है। अब छोड़ो ना यार। *(इंस्पेक्टर की आखिरी स्पीच की नकल करते हुए)* तुम सबने मिलकर उसे मौत तक पहुँचाया। *(शीला और अशोक की तरफ इशारा करते हुए हँसता है)* और उस वक्त तुम दोनों की शक्ल देखने लायक थी जब उसने ये कहा। *(शीला दरवाजे की तरफ बढ़ती है)* क्या हुआ बेटे, सोने जा रही हो?

शीला : *(परेशान)* मेरा दिमाग भन्ना गया है, मैं इसमें से बाहर निकलना

चाहती हूँ। जिस तरह से आप बात कर रहे हैं मुझे डर लग रहा है।

मि. खन्ना : *(जोर देकर)* क्या पागलपन है, अरे अब तो खुश होने का टाइम आया है। मेरी बात मानो रमेश से वो अँगूठी वापस माँग लो जो तुमने उसे लौटा दी थी। देख लेना उसके बाद तुम्हें भी अच्छा लगेगा।

शीला : *(भावपूर्ण स्वर में)* आप सब ऐसे जता रहे हैं जैसे सब कुछ वैसा ही है जैसा पहले था।

अशोक : मैं नहीं।

शीला : हो सकता है। लेकिन बाकी सभी को देखकर तो ऐसा ही लगता है।

मि. खन्ना : तो क्या बदल गया? हाँ हम सबको बेवकूफ जरूर बनाया गया है बस।

शीला : तो इसका मतलब कुछ नहीं हुआ? कुछ भी ऐसा नहीं हुआ जिसके लिए हमें अफसोस हो, कुछ भी ऐसा जिससे हम कुछ सीख सकें, मतलब हम वैसा ही करते रहें जैसा करते आए हैं।

मिसेज खन्ना : लेकिन मैं पूछती हूँ, क्यों नहीं?

शीला : मैं आप लोगों को एक बात बता दूँ। वो इंस्पेक्टर जो कोई भी था लेकिन ये पक्का है कि वो कोई मजाक नहीं था। मुझे लगा था कि इस सबके बाद आप लोगों को कुछ नसीहत मिली होगी पर देख रही हूँ ऐसा है नहीं। वही पुराना ढर्रा शुरू हो गया।

मि. खन्ना : *(मज़ा लेते हुए)* अच्छा। और तुम?

शीला : जी नहीं। इस हादसे ने मुझे बहुत कुछ सिखाया है। जिस तरह से वो कह रहा था, देख रहा था, जाने मुझे क्या-क्या महसूस हो रहा था। सब कुछ कितना घिनौना। और अब आप जिस तरह से बात कर रहे हैं, मुझसे बिल्कुल बर्दाश्त नहीं हो रहा है।

अशोक : शीला ठीक कह रही है, मुझसे भी नहीं।

मि. खन्ना : अच्छा पागलपन छोड़ो और जाकर सो जाओ।

मिसेज खन्ना : लगता है ये दोनों कुछ ज्यादा ही थक गये हैं। जब सुबह उठेंगे तो अपने आप ठीक हो जाएँगे।

रमेश : शीला अब सब ठीक तो हो गया है।
(अँगूठी निकालकर) अब इसका क्या करना है।

शीला : नहीं, अभी नहीं। मुझे सोचने का वक्त चाहिए।

मि. खन्ना : *(अशोक व शीला की तरफ इशारा करते हुए)*

जरा इन दोनों की तरफ देखो तो सही, ये हैं आजकल के जवान बच्चे। इतने समझदार होते हुए भी एक छोटा सा मजाक भी नहीं कर सकते। *(टेलीफोन की घंटी बजती है, एक क्षण के लिए चुप्पी। मिस्टर खन्ना फोन उठाते हैं)*

जी? हाँ खन्ना बोल रहा हूँ.... क्या?... यहाँ...

(ऐसा लगता है कि दूसरी तरफ से फोन रख दिया गया है)

(मिस्टर खन्ना धीरे से फोन रखते हैं और घबराए हुए सबकी तरफ देखते हैं)

मि. खन्ना : पुलिस का फोन था। अस्पताल जाते हुए एक लड़की की मौत हो गई है। उसने जहर खा लिया था। और पुलिस इंस्पेक्टर यहाँ आ रहा है, इन्क्वायरी के लिए।

(सब स्तब्ध रह जाते हैं)

(पर्दा गिरता है।)